I0711041

MITOLOGIA SLAVA

Fiabe e Leggende, Folklore, Dei e Demoni, Mostri e Spiriti, Caccia Selvaggia... Storie Antiche dalla Polonia e dalla Russia

Marek Janowski

Mitologia Slava: Fiabe e Leggende, Folklore, Dei e Demoni, Mostri e Spiriti, Caccia Selvaggia... Storie Antiche dalla Polonia e dalla Russia

Dichiarazione di responsabilità limitata

Questo libro è stato scritto con l'intento di fornire informazioni accurate e affidabili in merito all'argomento trattato. L'autore e l'editore hanno fatto del loro meglio per assicurare che le informazioni contenute in questo libro siano precise alla data di pubblicazione. Tuttavia, né l'autore né l'editore assumono alcuna responsabilità per eventuali errori, omissioni o interpretazioni diverse dei soggetti trattati.

Il contenuto di questo libro è fornito "così com'è", senza garanzia di alcun tipo, né esplicita né implicita. Qualsiasi uso delle informazioni fornite è a proprio rischio. Né l'autore né l'editore possono essere ritenuti responsabili per qualsiasi danno, diretto o indiretto, causato dall'uso delle informazioni contenute in questo libro.

Questo libro non intende fornire consigli legali, medici, psicologici o di altro tipo professionale. Se si necessita di consulenza specifica, si consiglia di rivolgersi a un professionista qualificato.

Tutti i marchi registrati, i marchi di fabbrica e i nomi di società menzionati in questo libro sono proprietà dei rispettivi titolari.

Sommario

Introduzione

Benvenuti in un viaggio affascinante e misterioso nel cuore della Mitologia Slava. In questo libro, vi guideremo attraverso le storie antiche e le leggende che hanno plasmato la cultura di una delle civiltà più ricche e affascinanti d'Europa. Dai miti della creazione alle epiche imprese degli eroi, dalle creature leggendarie ai riti e alle festività tradizionali, scoprirete un mondo dove la magia e la realtà si intrecciano in modo unico e affascinante.

Inizieremo con un'introduzione alla Mitologia Slava, dove esploreremo l'importanza delle storie e delle leggende nella cultura slava, nonché i metodi attraverso cui queste antiche narrazioni sono state raccolte e tramandate fino a noi. Proseguiremo con le origini del mondo secondo i miti slavi, scoprendo i racconti della creazione, le prime divinità e creature primordiali, e il loro significato simbolico.

Incontrerete le divinità e gli dei del pantheon slavo, con descrizioni dettagliate delle principali divinità, i riti a loro dedicati e le rappresentazioni artistiche e simboliche che le accompagnano. Vi immergerete nelle storie epiche di eroi e eroine, figure leggendarie le cui imprese hanno lasciato un'impronta indelebile nel folklore slavo.

Esplorerete mostri e creature leggendarie, come draghi e vipere, comprendendo il loro ruolo nella cultura popolare slava e confrontandole con creature di altre mitologie. Vi addentrerete nel regno dei demoni e degli spiriti, scoprendo storie affascinanti come quella della Caccia Selvaggia e di Baba Yaga, e apprenderete i rituali di protezione contro gli spiriti maligni e il loro simbolismo.

Il libro offre anche una raccolta di leggende popolari e racconti folclorici, con analisi del loro significato e morale. Vi condurrà attraverso i riti e le festività tradizionali, esplorando le celebrazioni legate ai miti e alle leggende, i rituali di fertilità e purificazione, e il confronto con festività di altre tradizioni.

Infine, scoprirete l'eredità e l'influenza della mitologia slava sulla cultura moderna, dalla letteratura all'arte, dai media contemporanei alla cultura popolare. I capitoli bonus vi porteranno nelle affascinanti storie della Polonia e della Russia, esplorando i miti polacchi e russi che aggiungono ulteriore profondità e ricchezza alla mitologia slava.

Questo libro non è solo una raccolta di racconti, ma una porta verso un mondo magico e antico. Preparatevi a essere incantati e a lasciarvi trasportare in un viaggio attraverso il tempo e lo spazio, dove i miti e le leggende svelano i segreti della cultura slava e offrono uno sguardo sulle radici spirituali e culturali dei popoli slavi.

Buona lettura!

Capitolo 1. Introduzione alla Mitologia Slava

Panoramica sulla Cultura Slava

Origini e Diffusione del Popolo Slavo

La cultura slava rappresenta un mosaico affascinante di tradizioni, credenze e storie sviluppatesi nel corso di millenni. Per comprendere appieno la mitologia slava, è essenziale partire dalle origini del popolo slavo, un gruppo etnolinguistico che ha lasciato un'impronta indelebile sulla storia e sulla cultura dell'Europa orientale, centrale e balcanica.

Le prime tracce del popolo slavo risalgono al periodo tra il 1500 e il 1000 a.C., in un'area compresa tra i fiumi Dnepr e Vistola, corrispondente all'attuale Polonia, Bielorussia e Ucraina. Queste antiche comunità erano caratterizzate da un'economia agricola e di allevamento, con una vita comunitaria centrata su villaggi fortificati.

Nei secoli successivi, il popolo slavo si espanse in vaste aree del continente europeo. Tra il V e il VII secolo d.C., migrazioni portarono i gruppi slavi a insediarsi nelle regioni che oggi comprendono Russia, Balcani, Europa centrale e orientale. Questa espansione fu facilitata dalla debolezza dell'Impero Romano e dalle invasioni barbariche che crearono vuoti di potere nell'Europa occidentale.

La diffusione degli slavi fu accompagnata da adattamenti culturali e dall'integrazione con le popolazioni locali. Le interazioni con i popoli germanici, celtici e balcanici arricchirono il patrimonio culturale slavo, contribuendo alla formazione di una mitologia complessa e variegata. Gli slavi assimilarono elementi di mitologie preesistenti, rielaborandoli in un contesto culturale unico che rifletteva la loro visione del mondo, influenzata dalla natura e dai cicli stagionali.

L'organizzazione sociale degli antichi slavi era basata su clan e tribù, con una struttura gerarchica che vedeva al vertice i capi tribù e i sacerdoti. Questi sacerdoti rivestivano un ruolo fondamentale nella conservazione e trasmissione delle leggende e dei miti, operando come custodi della memoria collettiva e interpreti delle volontà divine.

Uno degli aspetti più affascinanti della cultura slava è la sua profonda connessione con la natura. I fiumi, le foreste, le montagne e le paludi non erano solo elementi fisici del territorio, ma erano abitati da spiriti, divinità e creature mitologiche che popolavano l'immaginario slavo. Questa relazione si riflette in molte storie e leggende che narrano di eroi che dialogano con gli spiriti della foresta, di divinità che controllano le forze della natura e di creature mitologiche che incarnano i misteri del mondo naturale.

In sintesi, le origini e la diffusione del popolo slavo sono il punto di partenza per comprendere la ricchezza e la complessità della loro mitologia. Attraverso millenni di migrazioni, integrazioni culturali e interazioni con l'ambiente naturale, gli slavi hanno sviluppato un patrimonio mitologico che continua a influenzare la cultura e l'identità delle nazioni slave moderne. Questa introduzione alla mitologia slava ci permette di entrare in un mondo dove il sacro e il profano si intrecciano, dove gli eroi affrontano mostri leggendari e dove le divinità influenzano il destino degli uomini.

Struttura e Organizzazione Sociale

La struttura sociale degli antichi slavi era articolata e rifletteva una complessa rete di relazioni basate su parentela, cooperazione comunitaria e gerarchia. Al cuore della società slava c'era il clan o rod, un'unità familiare estesa che costituiva il nucleo fondamentale dell'organizzazione sociale. I membri del clan condividevano non solo legami di sangue, ma anche risorse, obblighi e protezione reciproca. La solidarietà tra i membri del clan era essenziale per la sopravvivenza, specialmente in un contesto di agricoltura e pastorizia che richiedeva la cooperazione di molte persone.

I clan erano raggruppati in tribù o plemena, ciascuna governata da un capo tribù, il knyaz o voivoda, che esercitava autorità politica e militare. Il capo tribù era solitamente scelto tra i membri più rispettati del clan dominante e la sua leadership era basata su una combinazione di eredità, abilità personali e consenso della comunità. Il ruolo del capo era quello di guidare la tribù in tempo di pace e di guerra, prendere decisioni giudiziarie e rappresentare la tribù nelle relazioni con altre tribù e popoli.

Accanto al capo tribù, un ruolo cruciale era rivestito dai sacerdoti o volkhvy, che fungevano da custodi delle tradizioni spirituali e religiose. I sacerdoti erano responsabili della conduzione dei riti religiosi, dell'interpretazione delle volontà divine e della preservazione dei miti e delle leggende. Essi detenevano una conoscenza approfondita delle pratiche rituali, delle erbe medicinali e della magia, esercitando un'influenza significativa sulla vita quotidiana degli slavi.

La stratificazione sociale tra gli slavi non era rigida come in altre culture contemporanee, ma esistevano comunque distinzioni basate su ruolo e status. Oltre ai capi tribù e ai sacerdoti, c'era una classe di guerrieri che proteggeva la tribù e partecipava alle incursioni e alle guerre. Questi guerrieri, noti per la loro abilità e coraggio, godevano di un certo prestigio e spesso facevano parte della nobiltà locale.

La maggior parte della popolazione era composta da agricoltori e pastori, che lavoravano la terra e allevavano bestiame. Queste persone vivevano in villaggi composti da capanne di legno, organizzate attorno a una piazza centrale dove si svolgevano le attività comunitarie e i mercati. La vita comunitaria era fondamentale: i villaggi funzionavano come unità autosufficienti dove tutti contribuivano al benessere collettivo attraverso il lavoro condiviso e le feste stagionali.

Infine, c'era anche una classe di artigiani e mercanti che producevano beni di consumo e facilitavano il commercio con altre tribù e popoli. Gli scambi commerciali erano essenziali per ottenere risorse non disponibili localmente, come il sale, il ferro e altri materiali preziosi. Gli artigiani includevano fabbri, falegnami, tessitori e ceramisti, che creavano utensili, armi, abiti e oggetti di uso quotidiano.

In conclusione, la struttura sociale e l'organizzazione degli antichi slavi erano caratterizzate da una forte coesione comunitaria, un senso di solidarietà tra i membri del clan e una gerarchia flessibile che permetteva la mobilità sociale basata su meriti individuali. Questa organizzazione sociale non solo garantiva la sopravvivenza e la prosperità del popolo slavo, ma costituiva anche la base su cui si svilupparono le loro ricche tradizioni mitologiche e culturali.

Influenze Culturali e Scambi con altre Civiltà

Gli antichi slavi non vivevano in isolamento; al contrario, erano parte di una rete complessa di influenze culturali e scambi con altre civiltà. Questo continuo interscambio contribuì a plasmare la loro cultura, arricchendo le loro tradizioni e dando vita a una mitologia variegata e unica.

Un primo e significativo punto di contatto fu con le popolazioni germaniche, con cui gli slavi condivisero territori e risorse. Questo contatto portò a scambi di pratiche agricole, tecniche artigianali e stili artistici. Gli slavi assorbirono elementi della mitologia germanica, adattandoli al loro contesto culturale. Ad esempio, alcuni aspetti delle divinità germaniche furono integrati nel pantheon slavo, modificati per riflettere le specificità delle credenze locali.

Le tribù nomadi delle steppe, come gli Sciti e più tardi gli Unni e gli Avari, ebbero anch'esse un impatto significativo sugli slavi. Questi popoli guerrieri introdussero nuove tecniche di combattimento e influenzarono le strutture sociali e militari degli slavi. Inoltre, il contatto con questi nomadi arricchì il folklore slavo con racconti di eroiche battaglie, valorosi guerrieri e creature mitologiche delle steppe.

Uno dei contatti più influenti fu quello con l'Impero Bizantino. Gli slavi orientali, in particolare, entrarono in contatto con i Bizantini attraverso il commercio e, occasionalmente, attraverso conflitti. L'adozione del cristianesimo ortodosso nel IX secolo, sotto l'influenza bizantina, segnò una trasformazione radicale nella cultura slava. La scrittura cirillica, sviluppata dai missionari bizantini Cirillo e Metodio, permise la trascrizione delle leggende e delle tradizioni orali, preservandole per le generazioni future. L'influenza bizantina si manifestò anche nell'arte, nell'architettura e nella struttura ecclesiastica, creando un sincretismo culturale che combinava elementi cristiani con le antiche credenze pagane.

Gli slavi dei Balcani, a loro volta, subirono l'influenza dell'Impero Romano d'Occidente e delle popolazioni autoctone come i Traci e gli Illiri. Queste interazioni portarono a un arricchimento reciproco delle tradizioni mitologiche e folcloristiche. Le pratiche agricole e i rituali religiosi si mescolarono, creando una cultura ibrida che rifletteva le diverse influenze.

Gli scambi con il mondo vichingo attraverso il commercio lungo i fiumi Volga e Dnepr introdussero nuove idee e tecnologie. I mercanti vichinghi, noti come Variaghi, non solo commerciavano beni materiali ma anche idee, storie e leggende. Questi scambi influenzarono particolarmente gli slavi orientali, contribuendo alla formazione delle prime entità statali come la Rus' di Kiev.

Anche il contatto con le culture mediterranee ebbe un impatto rilevante. Attraverso le rotte commerciali del Mar Nero e del Mediterraneo, gli slavi scambiarono beni come grano, miele, cera e pellicce con popolazioni come i Greci e gli Etruschi. Questi scambi non furono solo economici ma anche culturali, portando a una fusione di miti e pratiche religiose che arricchirono il patrimonio slavo.

Infine, le interazioni con le tribù celtiche e baltiche contribuirono ulteriormente alla diversificazione culturale degli slavi. Le influenze celtiche si manifestarono nei motivi artistici e nei simboli utilizzati nelle decorazioni, mentre le credenze e le pratiche religiose baltiche si mescolarono con quelle slave, creando un complesso panorama spirituale.

In sintesi, la cultura slava è il prodotto di un lungo processo di interazione e scambio con numerose civiltà. Questi contatti hanno arricchito e modellato la mitologia slava, rendendola una delle più ricche e varie tradizioni culturali dell'Europa. Le influenze esterne non solo hanno contribuito alla sopravvivenza e alla prosperità degli slavi, ma hanno anche favorito la creazione di un patrimonio culturale unico che continua a influenzare le culture moderne dei popoli slavi.

Importanza delle Storie e delle Leggende nella Società Slava

Funzione delle leggende nella trasmissione di valori

Le storie e le leggende occupano un posto centrale nella società slava, non solo come forme di intrattenimento, ma anche come strumenti fondamentali per la trasmissione di valori, norme sociali e insegnamenti morali. Attraverso il racconto delle leggende, le generazioni successive apprendono le virtù e i principi che costituiscono il fondamento della comunità slava.

Uno degli aspetti più significativi delle leggende è la loro capacità di trasmettere valori morali. Le storie di eroi ed eroine slavi spesso illustrano qualità come il coraggio, la lealtà, la giustizia e la saggezza. Gli eroi delle leggende affrontano sfide straordinarie e compiono imprese eccezionali, dimostrando che il bene trionfa sul male e che la virtù viene sempre ricompensata. Questi racconti fungono da modelli comportamentali per i membri della comunità, fornendo esempi concreti di come agire in modo onorevole e giusto.

Ad esempio, le storie di Ilya Muromets, uno dei più celebri eroi della tradizione slava, non solo narrano le sue gesta eroiche, ma sottolineano anche la sua dedizione alla protezione dei deboli e alla difesa della giustizia. Ilya rappresenta l'ideale del guerriero giusto e valoroso, la cui vita e azioni incarnano i principi fondamentali della società slava. Attraverso le sue avventure, i giovani apprendono l'importanza del sacrificio personale per il bene comune e il valore della lotta contro l'oppressione.

Le leggende svolgono anche un ruolo cruciale nella preservazione dell'identità culturale. In un contesto storico segnato da migrazioni, invasioni e cambiamenti politici, le storie e le leggende fungono da ancoraggio culturale, mantenendo viva la memoria collettiva e rafforzando il senso di appartenenza a una comunità. Raccontando e ascoltando queste storie, gli slavi rafforzano il loro legame con il passato e con le tradizioni dei loro antenati.

Inoltre, le leggende servono a educare le giovani generazioni sui comportamenti sociali appropriati. Molte storie contengono insegnamenti su come trattare gli altri membri della comunità, come rispettare gli anziani e come comportarsi in situazioni difficili. Le fiabe e le leggende spesso presentano dilemmi morali e decisioni etiche, permettendo ai giovani di riflettere sulle conseguenze delle loro azioni in un contesto narrativo. Questo processo di apprendimento attraverso il racconto è fondamentale per la trasmissione delle norme sociali e per la formazione del carattere individuale.

Le leggende sono anche un mezzo per spiegare il mondo naturale e i fenomeni inspiegabili. Attraverso racconti mitologici, gli slavi cercavano di dare un senso agli eventi naturali come le tempeste, le alluvioni e le carestie. Le divinità e le creature mitologiche che popolano queste storie rappresentano forze della natura personificate, rendendo comprensibili e gestibili le potenze spesso ostili del mondo circostante. In questo modo, le leggende fungono da strumenti per interpretare la realtà e per confortare la comunità di fronte all'incertezza e al pericolo.

Infine, le leggende hanno una funzione rituale e celebrativa. Molte storie sono raccontate durante specifiche festività e riti, rafforzando il legame tra la narrazione e le pratiche religiose e comunitarie. Le celebrazioni stagionali, i matrimoni, i funerali e altri eventi importanti sono spesso accompagnati da racconti tradizionali che riaffermano i valori comuni e celebrano l'identità collettiva.

In conclusione, le storie e le leggende svolgono un ruolo essenziale nella società slava. Attraverso la trasmissione di valori morali, la preservazione dell'identità culturale, l'educazione delle giovani generazioni, l'interpretazione del mondo naturale e la celebrazione delle tradizioni, le leggende mantengono viva la cultura slava e contribuiscono alla coesione e alla continuità della comunità.

Ruolo delle Storie nella Vita Quotidiana

Nella società slava, le storie e le leggende non erano semplicemente racconti da condividere in occasioni speciali, ma facevano parte integrante della vita quotidiana. Questi racconti permeavano ogni aspetto dell'esistenza, influenzando il comportamento individuale e collettivo e contribuendo a creare un senso di identità e coesione comunitaria.

Un aspetto cruciale del ruolo delle storie nella vita quotidiana era la loro funzione educativa. Fin dalla tenera età, i bambini slavi venivano esposti a una ricca tradizione orale fatta di fiabe, miti e leggende. Questi racconti servivano a trasmettere insegnamenti morali e sociali, fornendo modelli di comportamento e valori da emulare. Le storie erano utilizzate dai genitori e dai nonni per insegnare ai giovani le regole di convivenza, il rispetto per gli anziani, l'importanza della solidarietà e il coraggio di affrontare le avversità.

Le storie erano anche un mezzo attraverso il quale la comunità poteva trasmettere conoscenze pratiche. Leggende e miti contenevano spesso informazioni su tecniche agricole, pratiche di caccia e pesca, rimedi erboristici e altri aspetti della vita quotidiana. In un contesto in cui la sopravvivenza dipendeva dalla comprensione e dall'utilizzo efficace delle risorse naturali, queste conoscenze erano vitali. Raccontando e ascoltando storie, gli individui acquisivano non solo una visione del mondo, ma anche competenze pratiche indispensabili.

Oltre alla loro funzione educativa, le storie avevano un ruolo fondamentale nella coesione sociale. Le narrazioni collettive erano momenti di condivisione che rafforzavano i legami tra i membri della comunità. Durante le lunghe serate invernali, attorno al fuoco, le famiglie e i vicini si riunivano per ascoltare i racconti degli anziani, creando un forte senso di appartenenza e continuità. Questi momenti di condivisione erano anche opportunità per celebrare le radici comuni e riaffermare l'identità culturale del gruppo.

Le storie erano presenti anche nelle cerimonie e nei rituali. Molte celebrazioni religiose e festività stagionali erano accompagnate da narrazioni specifiche che spiegavano l'origine e il significato dei riti praticati. Durante la notte di Kupala, una festività legata al solstizio d'estate, le storie di spiriti delle acque e di riti di purificazione erano raccontate per spiegare e dare senso alle pratiche rituali. Questi racconti non solo arricchivano l'esperienza rituale, ma contribuivano anche a tramandare le tradizioni da una generazione all'altra.

Le storie avevano anche una funzione terapeutica e consolatoria. In tempi di difficoltà o crisi, le leggende di eroi che superavano grandi prove o di divinità che proteggevano i loro devoti offrivano conforto e speranza. I racconti di personaggi mitici che affrontavano e vincevano forze oscure e potenti aiutavano la comunità a trovare il coraggio e la resilienza necessari per affrontare le proprie sfide quotidiane.

Infine, le storie erano un mezzo attraverso cui la comunità poteva interpretare e dare senso al mondo. In un'epoca in cui la scienza moderna non esisteva, i miti e le leggende fornivano spiegazioni per i fenomeni naturali e per gli eventi inspiegabili. Le tempeste, le malattie, i cicli stagionali e altri aspetti del mondo naturale trovavano una spiegazione nelle storie di dei, spiriti e creature mitologiche. Questa narrazione mitica del mondo aiutava gli slavi a vivere in armonia con la natura e a trovare un posto nel grande schema dell'universo.

In sintesi, le storie e le leggende erano una componente essenziale della vita quotidiana nella società slava. Esse educavano, univano, consolavano e spiegavano, giocando un ruolo insostituibile nel mantenimento della cultura, dei valori e dell'identità della comunità. Attraverso le storie, gli antichi slavi riuscivano a trasmettere il loro patrimonio culturale e a vivere una vita ricca di significato e di connessioni profonde con il passato e con la natura.

Esempi di Leggende Popolari e Diffusione

Le leggende popolari svolgono un ruolo fondamentale nella cultura slava, riflettendo i valori, le credenze e le aspirazioni del popolo. Queste storie, tramandate oralmente di generazione in generazione, hanno viaggiato attraverso le regioni abitate dagli slavi, evolvendosi e adattandosi alle diverse tradizioni locali. Esaminiamo alcuni esempi di leggende popolari e come si sono diffuse tra le varie comunità slave.

Uno dei racconti più celebri è quello di Koschei l'Immortale, una figura di grande potere e malevolenza, spesso ritratta come un mago malvagio o un re oscuro che non può essere ucciso facilmente. Koschei rappresenta una minaccia per gli eroi della leggenda, rapendo principesse e sfidando i giovani valorosi a dimostrare il loro coraggio e ingegno. La storia di Koschei è diffusa in tutta la Russia e in altre regioni slave, adattata in numerose versioni locali. La sua immagine di malvagità e l'elemento della sua immortalità sono temi ricorrenti che affascinano e spaventano, rendendo Koschei una figura indimenticabile nel folklore slavo.

Un'altra leggenda famosa è quella della Rusalka, uno spirito femminile dell'acqua, spesso descritto come una giovane donna bellissima che vive nei fiumi e nei laghi. Le Rusalki sono legate alle anime di donne morte prematuramente o tragicamente, e secondo la leggenda, possono essere sia benevole che malevole. La leggenda delle Rusalki è particolarmente diffusa nelle regioni dell'Ucraina e della Bielorussia, ma la loro presenza è avvertita anche in altre culture slave. Le storie delle Rusalki variano, ma spesso includono elementi di amore, vendetta e mistero, riflettendo la complessità delle credenze popolari riguardo agli spiriti della natura.

La leggenda di Perun, il dio del tuono e del fulmine, è centrale nella mitologia slava. Perun è spesso rappresentato come un guerriero potente, armato di ascia o martello, che combatte contro le forze del male per proteggere il mondo. Le storie di Perun sono diffuse principalmente tra le comunità slave orientali, ma anche nelle regioni balcaniche. La venerazione di Perun e le leggende a lui associate sono state fondamentali nel modellare l'identità religiosa e culturale degli slavi, influenzando le loro pratiche rituali e i loro valori di coraggio e giustizia.

La leggenda di Baba Yaga, la strega che vive in una capanna su zampe di gallina, è un altro esempio emblematico del folklore slavo. Baba Yaga è una figura ambigua: a volte aiuta gli eroi, altre volte li mette alla prova o li ostacola. Le sue storie sono diffuse in tutta la Russia, Polonia e altre terre slave. La sua immagine di strega vecchia e saggia, dotata di poteri magici e conoscenze profonde, affascina e terrorizza allo stesso tempo. Le leggende di Baba Yaga servono a insegnare lezioni di ingegno, coraggio e prudenza, offrendo al contempo una ricca fonte di intrattenimento.

La diffusione delle leggende è avvenuta attraverso diversi canali, tra cui le migrazioni delle tribù slave, i commerci e i matrimoni intertribali. Le fiere e i mercati, dove si incontravano persone di diverse regioni, erano luoghi ideali per lo scambio di storie. I narratori itineranti, che viaggiavano di villaggio in villaggio, giocavano un ruolo cruciale nel diffondere le leggende e mantenerle vive nel tempo. Inoltre, le celebrazioni stagionali e le festività religiose erano occasioni durante le quali le storie venivano raccontate e ascoltate con grande attenzione, rafforzando il senso di identità e comunità.

In conclusione, le leggende popolari sono il cuore pulsante della cultura slava, portando con sé insegnamenti, valori e una ricca tradizione narrativa. Attraverso l'adattamento e la diffusione tra diverse regioni, queste storie hanno contribuito a creare un patrimonio culturale condiviso che continua a influenzare le società slave moderne. Le leggende di Koschei l'Immortale, le Rusalki, Perun e Baba Yaga sono solo alcuni esempi di un vasto repertorio che testimonia la creatività e la profondità spirituale del popolo slavo.

Fonti e Metodi di Raccolta delle Leggende

Principali fonti scritte e orali

Le leggende e le storie della mitologia slava sono state tramandate attraverso una combinazione di fonti scritte e orali, ciascuna delle quali ha giocato un ruolo cruciale nella conservazione e nella diffusione di questo ricco patrimonio culturale.

Fonti orali

Le fonti orali rappresentano il modo più antico e tradizionale di trasmissione delle leggende slave. Per secoli, prima dell'avvento della scrittura, le storie venivano raccontate e riascoltate in contesti comunitari come riunioni familiari, celebrazioni religiose, fiere e mercati. I narratori professionisti, conosciuti come skazki o bylina in alcune regioni, erano figure di grande rispetto nelle comunità. Questi narratori itineranti viaggiavano di villaggio in villaggio, condividendo storie che non solo intrattenevano, ma anche educavano e rafforzavano l'identità culturale.

La tradizione orale ha il vantaggio di essere flessibile e adattabile. Le storie potevano essere modificate per riflettere i cambiamenti sociali, politici e ambientali, mantenendo la loro rilevanza per le generazioni successive. Questo processo di adattamento e rielaborazione ha permesso alle leggende di evolversi, arricchendosi di nuovi dettagli e interpretazioni.

Fonti scritte

Con l'introduzione della scrittura tra le comunità slave, molte leggende cominciarono a essere trascritte e raccolte in testi. Uno dei contributi più significativi alla conservazione delle leggende slave venne dai monaci cristiani durante il periodo medievale. Dopo la cristianizzazione degli slavi, i monaci iniziarono a trascrivere le leggende e le storie popolari come parte del loro sforzo di documentare le tradizioni locali e integrare alcuni elementi pagani nella nuova religione.

Uno dei primi e più importanti testi scritti è la "Cronaca degli Anni Passati" ("Povest' vremennykh let"), compilata nel XII secolo dal monaco Nestor. Questo testo non solo fornisce una cronaca storica, ma include anche numerose leggende e storie mitologiche, offrendo una preziosa finestra sulle credenze e sulle pratiche religiose degli antichi slavi.

Altri importanti testi medievali che contengono leggende slave sono le "Cronache di Novgorod", la "Cronaca di Ipatiev", e varie raccolte di byliny (epiche popolari) e skazki (fiabe). Questi manoscritti furono spesso copiati e distribuiti tra i monasteri, garantendo la loro preservazione attraverso i secoli.

Raccolte etnografiche

Nel XIX e XX secolo, con il risveglio dell'interesse per le tradizioni popolari e il folklore, numerosi studiosi ed etnografi iniziarono a raccogliere sistematicamente le leggende orali. Figure come Alexander Afanasyev, uno dei più noti folcloristi russi, giocarono un ruolo cruciale in questo processo. Afanasyev pubblicò una vasta raccolta di fiabe e leggende russe, che rimane una delle fonti più complete e autorevoli sulla mitologia slava.

Questi etnografi utilizzavano metodi di raccolta che includevano interviste dettagliate con gli anziani della comunità, registrazioni scritte delle narrazioni orali e, più tardi, l'uso di registrazioni audio per catturare le storie esattamente come venivano raccontate. Le loro raccolte hanno permesso di preservare un'enorme quantità di materiale che altrimenti sarebbe andato perduto con il passare del tempo e con i cambiamenti culturali.

Influenza della letteratura e dell'arte

Le leggende slave hanno anche trovato un posto nella letteratura e nell'arte, ulteriormente cementando la loro presenza nella cultura. Scrittori, poeti e artisti come Aleksandr Pushkin e Nikolai Rimsky-Korsakov hanno reinterpretato e rielaborato le leggende tradizionali nelle loro opere, portandole a un pubblico ancora più vasto e contribuendo a mantenerle vive nella memoria collettiva.

In conclusione, la ricca tradizione delle leggende slave è stata preservata grazie a un'interazione dinamica tra fonti orali e scritte. La continua evoluzione e adattamento di queste storie, insieme agli sforzi diligenti di monaci, etnografi e artisti, hanno garantito che il patrimonio mitologico slavo possa continuare a essere apprezzato e studiato dalle future generazioni.

Metodi di Trascrizione e Conservazione

La trascrizione e la conservazione delle leggende slave hanno coinvolto una varietà di metodi che hanno permesso a queste storie di sopravvivere e prosperare nel corso dei secoli. Questi metodi sono stati sviluppati e affinati nel tempo, riflettendo l'evoluzione delle tecnologie di registrazione e le esigenze culturali delle diverse epoche.

Trascrizione

La trascrizione delle leggende orali iniziò seriamente durante il Medioevo, quando i monaci cristiani, desiderosi di documentare le tradizioni locali e di integrare elementi della cultura pagana nelle narrazioni cristiane, iniziarono a mettere per iscritto queste storie. I monasteri erano centri di apprendimento e trascrizione, e i monaci utilizzavano pergamene e inchiostri fatti a mano per scrivere le leggende. Questo processo era laborioso e richiedeva una notevole abilità, poiché ogni manoscritto doveva essere copiato a mano con precisione.

Gli scribi erano addestrati a mantenere l'accuratezza dei testi, e molti di loro aggiungevano note marginali che offrivano interpretazioni o chiarimenti sulle storie trascritte. Questi manoscritti erano spesso decorati con miniature e illustrazioni che aiutavano a visualizzare i racconti e a mantenere l'interesse dei lettori.

Raccolte etnografiche

Con l'avvento del Rinascimento e la riscoperta delle tradizioni popolari, i metodi di trascrizione divennero più sistematici. Gli etnografi del XIX secolo adottarono un approccio scientifico alla raccolta delle leggende orali. Essi viaggiavano nei villaggi e nelle campagne, registrando con attenzione le storie raccontate dagli anziani e dai narratori locali.

Uno dei principali metodi di raccolta era l'intervista. Gli etnografi ponevano domande dettagliate per raccogliere il maggior numero di versioni possibile di una singola leggenda, notando le variazioni e le somiglianze. Essi trascrivevano queste storie nel dialetto originale, cercando di preservare l'autenticità della narrazione.

Con l'invenzione del fonografo e, successivamente, del registratore portatile, fu possibile catturare le leggende direttamente dalla voce dei narratori. Questi strumenti permisero di registrare non solo le parole, ma anche l'intonazione, il ritmo e le emozioni che accompagnavano il racconto. Le registrazioni audio furono poi trascritte fedelmente, garantendo una conservazione più accurata delle storie.

Conservazione

La conservazione delle leggende scritte si è evoluta con il progresso delle tecniche di archivio. I manoscritti medievali erano conservati in biblioteche monastiche, spesso in condizioni controllate per prevenire il deterioramento. Con il passaggio ai libri stampati, le storie divennero più accessibili, ma la necessità di conservarle in modo adeguato rimase cruciale.

Le biblioteche nazionali e universitarie divennero i principali custodi delle leggende trascritte, sviluppando metodi avanzati di conservazione, come il controllo dell'umidità e della temperatura, per proteggere i testi antichi. Inoltre, la microfilmatura e la digitalizzazione hanno permesso di creare copie di sicurezza e di rendere i testi accessibili a un pubblico più vasto attraverso le piattaforme digitali.

Le collezioni digitali e gli archivi online sono diventati strumenti potenti per la conservazione e la diffusione delle leggende slave. Progetti come Europeana e la Digital Public Library of America (DPLA) includono numerosi manoscritti e testi etnografici che possono essere consultati gratuitamente, preservando così la conoscenza per le future generazioni.

In sintesi, i metodi di trascrizione e conservazione delle leggende slave hanno attraversato un lungo processo di evoluzione, dal lavoro manuale dei monaci medievali alle tecnologie digitali moderne. Questo progresso ha garantito che le storie, i valori e le tradizioni della mitologia slava continuino a vivere e a ispirare, mantenendo viva la ricca eredità culturale del popolo slavo.

Sfide nella Raccolta delle Leggende Antiche

La raccolta delle leggende antiche presenta una serie di sfide complesse e variegate, che possono influire sulla qualità, sull'autenticità e sulla completezza delle narrazioni tramandate. Queste difficoltà derivano sia dalla natura stessa delle leggende, che spesso esistono in forme fluide e variabili, sia dalle condizioni storiche e culturali in cui la raccolta avviene.

Oralità e variabilità

Una delle principali sfide nella raccolta delle leggende antiche è la loro natura orale. Le leggende trasmesse oralmente sono soggette a cambiamenti continui, poiché ogni narratore può aggiungere, omettere o modificare dettagli secondo la propria interpretazione o per adattare la storia al contesto del pubblico. Questa variabilità rende difficile stabilire una versione "autentica" o definitiva delle leggende. Gli etnografi e i raccoglitori di storie devono spesso confrontare diverse versioni della stessa leggenda per ricostruire una narrazione coerente, ma ciò può comportare la perdita di dettagli unici e significativi presenti nelle versioni locali.

Influenze esterne e sincretismi

Le leggende antiche non si sviluppano in isolamento, ma sono influenzate da contatti con altre culture e tradizioni. Questo sincretismo culturale può arricchire le leggende, ma può anche complicare la loro raccolta. Le storie possono incorporare elementi di altre mitologie, religioni o pratiche culturali, rendendo difficile distinguere tra ciò che è originariamente slavo e ciò che è stato adottato o adattato da altre tradizioni. Gli studiosi devono essere in grado di identificare e separare queste influenze per comprendere meglio le radici e l'evoluzione delle leggende slave.

Perdita di contesto

Il contesto culturale e storico in cui le leggende sono nate e si sono sviluppate è fondamentale per la loro comprensione. Tuttavia, molte leggende antiche sono raccolte in periodi successivi, quando il contesto originario è già cambiato o scomparso. Questo può portare a una perdita di significato o a interpretazioni errate delle storie. I raccoglitori di leggende devono spesso fare affidamento su fonti secondarie o su ricostruzioni speculative per colmare le lacune, il che può introdurre ulteriori margini di errore.

Documentazione e accuratezza

La documentazione accurata delle leggende orali è un'altra sfida significativa. Le prime raccolte di leggende erano spesso soggette a errori di trascrizione, interpretazione o traduzione. La mancanza di strumenti di registrazione audio ha significato che molte storie dovevano essere annotate a mano, con il rischio di perdere sfumature importanti della narrazione orale, come l'intonazione, l'espressione emotiva e il ritmo. Anche con l'avvento della registrazione audio, l'interpretazione e la trascrizione delle registrazioni richiedono un'attenzione meticolosa per evitare distorsioni.

Accesso alle fonti

Raccogliere leggende antiche spesso implica superare barriere geografiche e sociali. Molte comunità che custodiscono queste storie possono essere remote o difficili da raggiungere. Inoltre, vi può essere una mancanza di fiducia o una riluttanza a condividere le leggende con estranei, specialmente se i racconti sono considerati sacri o riservati a determinati membri della comunità. Gli etnografi devono stabilire relazioni di fiducia e rispettare le sensibilità culturali per ottenere l'accesso alle narrazioni autentiche.

Conservazione delle tradizioni

Infine, le leggende antiche rischiano di andare perdute a causa della modernizzazione e della globalizzazione. Con il cambiamento delle società e l'adozione di nuove tecnologie e stili di vita, le tradizioni orali possono essere trascurate o dimenticate. Le giovani generazioni, in particolare, possono essere meno interessate a mantenere vive queste storie, preferendo forme di intrattenimento più moderne. Questo rende urgente la raccolta e la conservazione delle leggende, prima che vengano definitivamente dimenticate.

In sintesi, la raccolta delle leggende antiche è un compito complesso che richiede una combinazione di sensibilità culturale, accuratezza metodologica e dedizione. Nonostante le numerose sfide, questi sforzi sono essenziali per preservare e comprendere il ricco patrimonio mitologico degli antichi slavi, garantendo che queste storie continuino a vivere e ad ispirare le generazioni future.

Capitolo 2: Le Origini del Mondo secondo gli Slavi

Miti della Creazione: Narrazioni sulla nascita del mondo

I miti della creazione degli antichi Slavi offrono un affascinante spaccato delle loro credenze cosmologiche e della loro visione del mondo. Tramandati oralmente attraverso le generazioni e successivamente trascritti, questi racconti rivelano una mitologia ricca e complessa, intrecciando elementi della natura, della spiritualità e del simbolismo.

Uno dei miti più diffusi e significativi è quello della creazione del mondo a partire dal caos primordiale. Secondo questa leggenda, all'inizio esisteva solo un oceano infinito e oscuro, senza terra né cielo. In questo vuoto, due entità divine emersero: Rod, il dio primordiale, e Lada, la dea della bellezza e dell'amore. Rod, simbolo del principio maschile e creativo, decise di dare forma al caos.

Rod iniziò creando un'isola al centro dell'oceano cosmico. Da questa isola, piantò un albero sacro, l'Albero della Vita, che divenne l'asse del mondo, collegando i cieli, la terra e il mondo sotterraneo. I rami dell'albero si estendevano fino al cielo, mentre le radici affondavano nelle profondità dell'oceano, sostenendo la terra appena creata.

Un altro mito popolare riguarda la collaborazione tra Rod e un uccello cosmico, che in alcune versioni è un'anatra o un corvo. L'uccello, su istruzione di Rod, si tuffò nell'oceano primordiale per raccogliere un pugno di sabbia dal fondo. Da questa sabbia, Rod creò la terra. Man mano che l'uccello portava più sabbia, la terra si espandeva fino a coprire l'intera superficie dell'oceano. Questo atto di creazione simboleggia la collaborazione tra le forze divine e quelle naturali.

Il mito della creazione continua con l'emergere delle prime divinità e delle creature primordiali. Perun, il dio del tuono e del fulmine, e Veles, il dio della terra e dell'acqua, sono tra le prime divinità a emergere dal caos. Queste divinità iniziano a plasmare il mondo, creando montagne, fiumi, foreste e animali. Perun e Veles, rappresentando forze opposte ma complementari, sono spesso in conflitto ma lavorano insieme per mantenere l'equilibrio del mondo.

Un altro racconto fondamentale nella mitologia slava è il mito della divisione del cielo e della terra. Secondo questa narrazione, cielo e terra erano inizialmente uniti in un'unica massa. Rod, desideroso di creare ordine, separò il cielo dalla terra, sollevando il cielo con l'aiuto dell'Albero della Vita. Questo atto di separazione è visto come il primo passo verso la creazione di un mondo ordinato e abitabile.

Le creature mitologiche giocano un ruolo importante nei miti della creazione. Draghi, serpenti marini e altre creature leggendarie popolano le storie, spesso rappresentando le forze caotiche e selvagge che devono essere domate o sconfitte per stabilire l'ordine. Perun, in particolare, è noto per le sue battaglie contro i draghi, simboli del caos e dell'anarchia.

I miti della creazione sono spesso accompagnati da rituali e celebrazioni che riflettono la continua interazione tra l'umanità e il divino. Le feste stagionali, come la celebrazione del solstizio d'estate, includono riti che commemorano la creazione del mondo e il rinnovo ciclico della natura. Questi rituali non solo rafforzano il legame tra le persone e la terra, ma ricordano anche l'importanza dell'equilibrio e dell'armonia nella vita quotidiana.

In sintesi, le narrazioni sulla nascita del mondo secondo i miti slavi offrono una visione affascinante e profondamente spirituale delle origini cosmiche. Attraverso storie di divinità, uccelli cosmici, alberi sacri e creature mitologiche, questi miti descrivono un processo di creazione che è allo stesso tempo caotico e ordinato, riflettendo la complessità e la bellezza del mondo naturale. Questi racconti continuano a ispirare e a offrire un senso di meraviglia e rispetto per le forze che plasmano il nostro universo.

Confronto tra diverse Versioni del Mito

I miti della creazione degli antichi Slavi presentano una varietà di versioni, ciascuna con le proprie peculiarità e sfumature, riflettendo le diverse influenze culturali e regionali. Questo confronto tra le diverse narrazioni del mito della creazione offre uno sguardo approfondito sulle ricche e complesse tradizioni mitologiche slave.

Una delle versioni più comuni del mito della creazione coinvolge Rod e l'Albero della Vita. In questa versione, Rod è il creatore supremo che dà origine al mondo piantando l'Albero della Vita, le cui radici affondano nel caos primordiale e i cui rami si estendono fino al cielo. Questo albero non solo funge da asse del mondo, ma è anche la fonte di tutta la vita e della struttura cosmica. In altre versioni di questa storia, l'Albero della Vita è sostituito da una montagna sacra o da un pilastro cosmico, ma il tema centrale rimane quello di un'entità che connette cielo, terra e mondo sotterraneo.

Un'altra versione del mito della creazione, diffusa principalmente tra gli Slavi orientali, descrive un uccello cosmico, spesso identificato come un'anatra o un corvo, che collabora con Rod. In questo racconto, l'uccello si tuffa nell'oceano primordiale per recuperare della sabbia dal fondo del mare. Rod utilizza questa sabbia per creare la terra, che inizialmente è piccola e galleggiante sull'acqua, ma cresce man mano che l'uccello porta altra sabbia. Questo mito enfatizza la cooperazione tra il divino e le creature naturali nella creazione del mondo.

In alcune regioni slave, soprattutto tra gli Slavi meridionali, emerge una versione del mito che coinvolge Perun e Veles. In queste storie, Perun e Veles sono figli di Rod e Lada e giocano ruoli cruciali nella formazione del mondo. Perun, dio del tuono, rappresenta l'ordine e la legge, mentre Veles, dio della terra e dell'acqua, simboleggia il caos e la trasformazione. Il loro conflitto e la successiva riconciliazione sono visti come fondamentali per la stabilità del mondo. In queste versioni, il processo di creazione è caratterizzato da lotte e battaglie, rappresentando il continuo equilibrio tra forze opposte.

Un'altra variante interessante si trova nelle leggende del popolo russo, dove la creazione del mondo è descritta come il risultato del lavoro congiunto di Rod e una tartaruga cosmica. In questo mito, la tartaruga porta il mondo sul suo dorso, simboleggiando la stabilità e la durata eterna della terra. Rod utilizza la tartaruga come base per costruire il mondo, aggiungendo elementi naturali come montagne, fiumi e foreste.

Non tutte le versioni dei miti della creazione slavi coinvolgono le stesse divinità o creature. Alcune storie parlano di spiriti ancestrali o eroi culturali che giocano ruoli chiave nella formazione del mondo. Questi spiriti o eroi sono spesso dotati di poteri soprannaturali e compiono imprese straordinarie per creare e proteggere il mondo. Ad esempio, nelle leggende degli Slavi occidentali, figure come Svarog, il dio del fuoco e del cielo, e sua figlia Zorya, la dea dell'alba, partecipano attivamente al processo di creazione.

Il confronto tra queste diverse versioni del mito della creazione rivela una complessità e una diversità che riflettono le variegate esperienze storiche e geografiche degli Slavi. Mentre alcuni temi e simboli sono comuni, come l'idea di un caos primordiale e la necessità di un'entità ordinatrice, le differenze nelle storie mettono in luce le specificità culturali di ciascuna regione.

In conclusione, le diverse versioni del mito della creazione tra gli antichi Slavi offrono una panoramica ricca e sfaccettata della loro mitologia. Queste storie, sebbene variegate, condividono un tema comune di cooperazione tra forze divine e naturali nella formazione del mondo. Esplorare e confrontare queste versioni non solo arricchisce la nostra comprensione della mitologia slava, ma illumina anche le profonde connessioni culturali che legano le diverse tradizioni slave.

Significato Simbolico dei Miti della Creazione

I miti della creazione degli antichi Slavi sono intrisi di significati simbolici profondi che riflettono le loro credenze, valori e comprensione del mondo. Questi miti non sono solo racconti sulle origini dell'universo, ma anche narrazioni che esprimono la visione slava del cosmo, l'ordine sociale e le dinamiche tra le forze naturali e divine.

Uno dei simboli più potenti nei miti della creazione è l'Albero della Vita, che rappresenta l'asse del mondo, collegando cielo, terra e mondo sotterraneo. Questo albero è un simbolo universale di interconnessione e unità, indicando che tutte le parti dell'universo sono interdipendenti. Le radici che affondano nelle profondità del caos primordiale e i rami che si estendono verso il cielo simboleggiano la continuità della vita e la ciclicità del tempo. L'Albero della Vita è anche un emblema di fertilità e crescita, riflettendo l'importanza dell'agricoltura e della natura nella cultura slava.

Il caos primordiale da cui nasce il mondo simboleggia lo stato di disordine e indifferenziazione che precede la creazione. Questo tema è comune in molte mitologie e rappresenta la necessità di un intervento divino per trasformare il caos in ordine. Nei miti slavi, il processo di trasformazione del caos in un mondo ordinato è un atto di creazione che conferisce significato e struttura all'universo. Questo passaggio dal caos all'ordine riflette anche le esperienze umane di superare le difficoltà e creare una società armoniosa.

La figura di Rod, il dio primordiale, incarna il principio creativo e l'origine di tutte le cose. Rod è spesso associato al concetto di destino e di forza vitale che pervade tutto l'universo. Come creatore, Rod non solo dà forma al mondo, ma stabilisce anche le leggi naturali e morali che lo governano. Questo simbolismo sottolinea l'importanza dell'ordine cosmico e delle leggi divine nella cultura slava, suggerendo che il rispetto di queste leggi è fondamentale per mantenere l'armonia nel mondo.

Il tema della cooperazione tra forze divine e naturali nei miti della creazione evidenzia l'interdipendenza tra gli dei e il mondo naturale. Ad esempio, l'uccello cosmico che collabora con Rod per creare la terra rappresenta le forze naturali che agiscono in accordo con le volontà divine. Questo simbolismo riflette una visione del mondo in cui gli esseri umani, gli dei e la natura sono strettamente collegati e devono lavorare insieme per mantenere l'equilibrio dell'universo.

Le battaglie tra divinità, come quelle tra Perun e Veles, simboleggiano il conflitto eterno tra ordine e caos, luce e oscurità, bene e male. Questi conflitti non sono solo eventi mitologici, ma rappresentano anche le lotte interne ed esterne che gli esseri umani affrontano nella loro vita quotidiana. La vittoria finale dell'ordine sul caos nei miti di creazione slavi suggerisce che, nonostante le difficoltà e le sfide, l'armonia e la giustizia possono prevalere attraverso il coraggio e la determinazione.

Le creature mitologiche, come i draghi e i serpenti, che popolano i miti della creazione, sono simboli delle forze selvagge e incontrollate della natura. La loro sconfitta o il loro controllo da parte delle divinità creatrici rappresentano la civilizzazione della natura selvaggia e la capacità dell'umanità di dominare e comprendere il mondo naturale. Questi miti servono a rassicurare la comunità che le forze del disordine possono essere contenute e che l'ordine può essere mantenuto attraverso la saggezza e la forza.

Infine, il processo ciclico della creazione e della rigenerazione è un tema ricorrente nei miti slavi. Questo ciclo riflette la comprensione che la vita è un continuo rinnovamento, dove la morte e la distruzione sono seguite dalla rinascita e dalla creazione. Questo simbolismo è particolarmente evidente nei rituali stagionali e nelle festività che celebrano la natura ciclica dell'esistenza, rafforzando la speranza e la fiducia nel futuro.

In conclusione, i miti della creazione degli antichi Slavi sono ricchi di significati simbolici che offrono una profonda comprensione della loro visione del mondo. Attraverso simboli come l'Albero della Vita, il caos primordiale, e le battaglie tra divinità, questi miti esprimono i valori fondamentali della cultura slava, la loro relazione con la natura e la loro percezione dell'ordine cosmico. Questi racconti continuano a ispirare e a offrire insegnamenti preziosi, riflettendo la saggezza e la spiritualità degli antichi Slavi.

Prime Divinità e Creature Primordiali

Descrizione delle Prime Divinità Slave

La mitologia slava è popolata da un pantheon di divinità e creature primordiali che giocano ruoli cruciali nella creazione del mondo e nel mantenimento dell'ordine cosmico. Queste prime divinità incarnano le forze naturali, gli aspetti della vita quotidiana e i principi morali che erano centrali nella visione del mondo degli antichi Slavi.

Rod

Al vertice del pantheon slavo si trova Rod, il dio primordiale e creatore. Rod è spesso rappresentato come l'origine di tutte le cose, il principio da cui tutto ha avuto inizio. Egli è associato al concetto di destino e alla forza vitale che permea l'universo. Rod è considerato il padre di tutte le altre divinità e creature mitologiche, il cui ruolo principale è quello di dare ordine al caos primordiale e stabilire le leggi naturali e morali. La sua presenza è essenziale per il mantenimento dell'armonia cosmica, e il suo culto sottolinea l'importanza dell'unità e dell'equilibrio nell'universo.

Svarog

Svarog, il dio del fuoco e del cielo, è una delle principali divinità del pantheon slavo. Egli è spesso considerato il fabbro divino, colui che forgia l'universo e introduce l'arte della metallurgia agli esseri umani. Svarog è anche il padre di altre importanti divinità, tra cui Dazhbog, il dio del sole, e Perun, il dio del tuono. Il fuoco di Svarog non è solo quello delle fucine, ma anche il fuoco sacro che anima e purifica, simbolo della luce e della conoscenza che illumina l'oscurità.

Perun

Perun, il dio del tuono e della guerra, è una delle figure più potenti e venerate nella mitologia slava. Rappresentato spesso come un guerriero armato di fulmini e asce, Perun è il protettore dell'ordine e della giustizia. Egli è il nemico giurato delle forze del caos, incarnate dal suo fratello rivale Veles. Le battaglie di Perun contro i draghi e altre creature malvagie sono emblematiche del suo ruolo come difensore del mondo contro le forze distruttive. I templi dedicati a Perun erano spesso situati in luoghi elevati, come colline e montagne, simbolizzando il suo dominio sul cielo e la terra.

Veles

Veles, dio della terra, dell'acqua e del mondo sotterraneo, è una divinità complessa e ambivalente. Egli è associato alla fertilità, alla ricchezza e alla magia, ma anche al caos e all'inganno. Veles è spesso rappresentato come un serpente o un drago, creature che simboleggiano la sua connessione con il mondo sotterraneo e le forze primordiali. La sua rivalità con Perun riflette il dualismo tra ordine e caos, cielo e terra, che è centrale nella cosmologia slava. Nonostante la sua natura ambigua, Veles è anche un protettore dei pastori e del bestiame, e il suo culto includeva riti per assicurare la fertilità dei campi e la prosperità degli animali.

Mokosh

Mokosh, la dea della terra e della fertilità, è una delle poche divinità femminili prominenti nel pantheon slavo. Ella è la madre terra, fonte di tutta la vita e la fertilità. Mokosh è associata alla protezione delle donne e delle attività domestiche, come la tessitura e la filatura. I suoi attributi includono il filo e il fuso, simboli del destino e della continuità della vita. Il culto di Mokosh era particolarmente forte tra le comunità agricole, che vedevano in lei la garante della fecondità della terra e la prosperità dei raccolti.

Dazhbog

Dazhbog, il dio del sole, è considerato una fonte di luce e calore, essenziale per la vita e la crescita. Egli è spesso rappresentato come un uomo splendente che guida un carro solare attraverso il cielo. Dazhbog è anche associato alla regalità e alla giustizia, riflettendo la sua posizione di potere e benevolenza. Il sole che sorge e tramonta ogni giorno simboleggia il ciclo eterno della vita, della morte e della rinascita, e Dazhbog incarna questa forza vitale che anima l'universo.

Svarozhich

Svarozhich, figlio di Svarog, è il dio del fuoco domestico e del focolare. Egli è il guardiano della casa e della famiglia, e il suo fuoco sacro rappresenta la protezione e il calore del focolare. Svarozhich è anche visto come un mediatore tra gli esseri umani e le altre divinità, trasmettendo preghiere e sacrifici agli dei superiori. Il culto di Svarozhich era centrale nelle abitazioni slave, dove il focolare era considerato il cuore della casa.

Simargl

Simargl è una creatura mitologica, spesso rappresentata come un cane alato o un grifone. Egli è un guardiano delle piante e degli animali, e il suo ruolo è quello di proteggere la natura e mantenere l'ordine tra le creature viventi. Simargl è anche associato al fuoco sacro e alla purificazione, riflettendo la sua funzione di proteggere il mondo naturale dalle forze del male.

Queste prime divinità e creature primordiali costituiscono il fondamento della mitologia slava, ognuna incarnando aspetti essenziali del cosmo e della vita. Attraverso i loro miti e leggende, gli antichi Slavi esprimevano le loro credenze più profonde e i valori che guidavano la loro esistenza, creando un ricco tessuto narrativo che continua a influenzare la cultura slava fino ai giorni nostri.

Ruolo e Caratteristiche delle Creature Primordiali

Le creature primordiali nella mitologia slava rivestono ruoli cruciali nella cosmogonia e nelle narrazioni mitologiche, agendo spesso come simboli delle forze naturali, del caos primordiale e dell'ordine emergente. Queste entità, che includono draghi, serpenti e spiriti della natura, incarnano sia le sfide che gli esseri umani devono affrontare sia i poteri con cui devono interagire per mantenere l'armonia nel mondo.

Draghi e Serpenti

Draghi e serpenti sono tra le creature primordiali più ricorrenti nella mitologia slava. Questi esseri, spesso rappresentati come creature gigantesche e potenti, simboleggiano le forze del caos e della distruzione. I draghi slavi, noti come Zmey o Gorynych, sono frequentemente associati a elementi naturali come il fuoco e l'acqua. Essi abitano caverne, montagne e luoghi inaccessibili, custodendo tesori nascosti e minacciando le comunità umane. Le battaglie tra eroi mitici, come Perun, e queste creature rappresentano la lotta eterna tra ordine e disordine, con la vittoria dell'eroe che ristabilisce l'equilibrio e la giustizia.

Spiriti della Natura

Gli spiriti della natura, come le Rusalki, le Mavki e i Leshy, incarnano le forze vitali e misteriose dei boschi, delle acque e delle campagne. Le Rusalki, spiriti delle acque spesso raffigurate come giovani donne bellissime, sono legate ai fiumi e ai laghi. Esse rappresentano sia la bellezza e la fertilità delle acque che il loro potenziale pericolo, attirando i giovani uomini nelle profondità con il loro canto incantatore. I Leshy, spiriti dei boschi, sono guardiani delle foreste e delle creature che vi abitano. Essi possono essere benevoli, aiutando i viaggiatori perduti, o malevoli, ingannando coloro che non rispettano la natura.

Domovoi

I Domovoi sono spiriti domestici che proteggono la casa e la famiglia. Queste creature benevole vivono nei focolari o negli angoli nascosti delle case e svolgono un ruolo fondamentale nella protezione della dimora e nella garanzia della prosperità domestica. I Domovoi sono spesso descritti come piccoli uomini barbuti, talvolta coperti di pelliccia, che si occupano dei lavori domestici durante la notte. Essi simboleggiano la continuità della vita familiare e la connessione con gli antenati, e il loro favore è considerato essenziale per la felicità e la sicurezza della casa.

Vodyanoy

Il Vodyanoy è uno spirito dell'acqua che vive nei fiumi, nei laghi e negli stagni. Questa creatura è spesso rappresentata come un vecchio con una barba verde e una pelle coperta di alghe. Il Vodyanoy è il custode delle acque e delle creature che vi abitano, e può essere sia protettivo che vendicativo. Egli controlla il flusso delle acque, l'abbondanza della pesca e la sicurezza dei ponti e dei mulini. Offrire tributi al Vodyanoy, come pane e tabacco, era una pratica comune per assicurarsi la sua benevolenza.

Alkonost e Sirin

L'Alkonost e la Sirin sono uccelli mitici che combinano tratti umani e aviani. L'Alkonost, spesso associata al regno dei cieli, canta melodie così belle da far dimenticare a chi le ascolta ogni dolore e preoccupazione. Simboleggia la felicità celestiale e l'armonia divina. La Sirin, d'altra parte, ha una natura più ambigua, rappresentando sia la tentazione e l'inganno che la saggezza profonda. Le storie di questi uccelli mitologici esplorano temi di dualità e la complessità dell'animo umano, indicando che la bellezza e la conoscenza possono portare sia gioia che pericolo.

Zmey Gorynych

Zmey Gorynych, un drago a tre teste che sputa fuoco, è una delle creature più temibili della mitologia slava. Ogni testa rappresenta una forza distruttiva, e la sua capacità di rigenerarsi dopo essere stata tagliata lo rende un simbolo di sfida continua e resilienza del caos. Zmey Gorynych è spesso sconfitto dagli eroi slavi in epiche battaglie, e la sua sconfitta simboleggia il trionfo del bene sul male e dell'ordine sul disordine.

Kikimora

Kikimora è una figura femminile associata alle paludi e agli angoli oscuri delle case. Considerata un presagio di sventura, Kikimora può portare malattie e disastri se non viene placata. La sua presenza nella casa è spesso segnata da rumori strani e attività inspiegabili. Nonostante il suo carattere malizioso, Kikimora può anche proteggere la casa se trattata con rispetto, simbolizzando la dualità della natura e l'importanza di rispettare le forze invisibili.

Le creature primordiali della mitologia slava, con i loro ruoli e caratteristiche distintive, rappresentano la complessità e la profondità delle forze naturali e spirituali che gli antichi Slavi cercavano di comprendere e rispettare. Queste entità non sono solo antagonisti o aiutanti nelle storie, ma incarnano i principi fondamentali dell'universo slavo, riflettendo la visione del mondo in cui gli esseri umani vivono in continua interazione con un cosmo pieno di vita e mistero.

Relazioni tra Divinità e Creature nella Mitologia

Le relazioni tra le divinità e le creature primordiali nella mitologia slava sono complesse e intrecciate, riflettendo un mondo in cui il sacro e il profano, il naturale e il sovrannaturale, sono strettamente connessi. Queste interazioni non solo definiscono il ruolo e il carattere delle divinità e delle creature mitologiche, ma anche il modo in cui gli antichi Slavi concepivano l'universo e il loro posto in esso.

Collaborazione e Conflitto

Uno degli aspetti più affascinanti delle relazioni tra divinità e creature nella mitologia slava è la combinazione di collaborazione e conflitto. Le divinità spesso collaborano con le creature primordiali per creare e mantenere l'ordine nel mondo. Ad esempio, nei miti della creazione, il dio primordiale Rod collabora con un uccello cosmico per formare la terra dall'oceano primordiale. Questo uccello, che raccoglie sabbia dal fondo del mare per dare sostanza alla terra, rappresenta la cooperazione tra il divino e il naturale nel processo di creazione.

D'altra parte, le divinità come Perun, il dio del tuono, sono spesso in conflitto con creature come i draghi e i serpenti, simboli delle forze caotiche e distruttive. Queste battaglie epiche tra Perun e il drago Zmey Gorynych rappresentano la lotta eterna tra l'ordine e il caos, il bene e il male. La vittoria di Perun non solo ristabilisce l'ordine nel mondo, ma conferma anche la supremazia delle forze divine sulle potenze distruttive.

Protezione e Tutela

Le divinità spesso assumono ruoli di protettori e tutelari nei confronti delle creature primordiali e degli esseri umani. Veles, il dio della terra e dell'acqua, è strettamente legato alle Rusalki e ai Leshy, spiriti della natura che popolano i boschi e le acque. Veles, in qualità di signore del mondo sotterraneo e delle forze naturali, funge da mediatore tra questi spiriti e gli esseri umani, assicurando che la natura sia rispettata e che gli spiriti siano placati.

Allo stesso modo, le divinità domestiche come i Domovoi operano sotto la protezione di divinità superiori come Svarog e Svarozhich, mantenendo l'armonia nelle case e nelle famiglie. Questi spiriti domestici sono visti come intermediari tra gli esseri umani e le divinità, garantendo che i riti e le offerte siano eseguiti correttamente per mantenere la benevolenza divina.

Interazioni Simboliche

Le relazioni tra divinità e creature primordiali sono anche simboliche, rappresentando concetti e principi fondamentali della cosmologia slava. Mokosh, la dea della terra e della fertilità, è associata a creature come la Kikimora, che rappresentano sia la benevolenza che la malevolenza della natura. La dualità di Mokosh e Kikimora riflette la percezione slava della natura come fonte di vita e prosperità, ma anche di potenziale pericolo e distruzione.

La relazione tra Dazhbog, il dio del sole, e creature come l'Alkonost e la Sirin, uccelli mitologici, simboleggia la connessione tra il divino e il ciclico, tra la luce e l'oscurità. Mentre Dazhbog rappresenta il sole che porta luce e calore, l'Alkonost e la Sirin rappresentano gli aspetti mistici e complessi della vita, in cui gioia e tentazione, conoscenza e inganno, sono strettamente intrecciati.

Rituali e Celebrazioni

Le relazioni tra divinità e creature sono anche celebrate attraverso rituali e festività, che rinforzano il legame tra gli esseri umani, il divino e il naturale. Le festività stagionali, come la notte di Kupala e la Maslenitsa, coinvolgono riti che onorano le divinità e le creature della natura. Durante queste celebrazioni, storie e leggende sulle interazioni tra divinità e creature vengono raccontate, rafforzando la memoria collettiva e la continuità delle tradizioni culturali.

In sintesi, le relazioni tra divinità e creature primordiali nella mitologia slava sono caratterizzate da una complessa interazione di collaborazione, conflitto, protezione e simbolismo. Queste relazioni non solo definiscono il ruolo e il carattere delle divinità e delle creature, ma anche la visione del mondo degli antichi Slavi, in cui il sacro e il profano, il naturale e il sovrannaturale, sono profondamente interconnessi. Attraverso queste storie e leggende, gli Slavi esprimevano le loro credenze più profonde e rafforzavano i valori e i principi che guidavano la loro vita quotidiana.

Analisi e Interpretazioni dei Miti della Creazione

Interpretazioni Moderne e Accademiche

I miti di creazione degli antichi Slavi hanno affascinato studiosi e interpreti moderni, che hanno cercato di comprendere e contestualizzare queste narrazioni all'interno di un quadro più ampio di studi comparativi, antropologici e psicologici. Queste interpretazioni non solo illuminano il significato intrinseco di queste storie, ma anche il modo in cui riflettono e informano la cultura e la psicologia degli Slavi antichi e moderni.

Approccio Comparativo

Gli studiosi che adottano un approccio comparativo esaminano i miti di creazione slavi in relazione ad altre tradizioni mitologiche indoeuropee, tra cui quelle germaniche, celtiche, greche e romane. Questo metodo mette in luce le similitudini strutturali e tematiche, come il tema del caos primordiale, la figura del creatore divino e la presenza di alberi cosmici o montagne sacre. Ad esempio, l'Albero della Vita nei miti slavi è paragonato all'Yggdrasil della mitologia norrena, suggerendo una comune eredità culturale e simbolica. Queste analogie indicano che i miti slavi non sono isolati, ma parte di una più ampia tradizione indoeuropea, offrendo spunti su come le culture si influenzano reciprocamente e si sviluppano parallelamente.

Approccio Antropologico

Dal punto di vista antropologico, i miti di creazione slavi sono interpretati come riflessi delle condizioni ambientali, sociali ed economiche delle comunità che li hanno generati. Gli antropologi sottolineano come i temi della fertilità, della lotta contro il caos e della cooperazione tra umani e natura rispecchino le preoccupazioni agricole e stagionali degli antichi Slavi. L'importanza attribuita a divinità come Perun e Veles, che rappresentano rispettivamente il cielo e la terra, può essere vista come una metafora delle pratiche agricole e delle relazioni con l'ambiente naturale. Le battaglie tra divinità e creature primordiali simboleggiano le sfide e i conflitti inerenti alla vita contadina, mentre la presenza di spiriti domestici come i Domovoi riflette l'importanza della famiglia e della comunità nella sopravvivenza e nella prosperità quotidiana.

Approccio Psicologico

Gli psicologi, specialmente quelli influenzati dalla psicologia analitica di Carl Jung, vedono i miti di creazione slavi come espressioni di archetipi universali. Secondo questa prospettiva, le figure divine e le creature mitologiche rappresentano archetipi come il Creatore, l'Eroe, l'Ombra e la Grande Madre, che incarnano aspetti fondamentali della psiche umana. Il caos primordiale e il successivo ordine creato da Rod possono essere interpretati come simboli del processo di individuazione, in cui l'individuo integra le diverse parti della propria psiche per raggiungere un senso di completezza e armonia. Le battaglie tra Perun e Veles possono rappresentare il conflitto interno tra gli impulsi opposti della psiche umana, come la razionalità e l'istinto, l'ordine e il disordine.

Approccio Simbolico

Gli approcci simbolici si concentrano sui significati profondi e nascosti dei simboli presenti nei miti di creazione. Ad esempio, l'uccello cosmico che collabora con Rod nella creazione della terra è visto come un simbolo dell'intermediazione tra il cielo e la terra, tra il divino e l'umano. L'acqua primordiale, spesso presente nei miti di creazione, è interpretata come simbolo della potenzialità e della nascita, mentre la sabbia usata per creare la terra rappresenta la stabilità e la forma. Questi simboli offrono una comprensione più ricca dei miti, rivelando come gli antichi Slavi percepissero e davano significato al loro mondo.

Approccio Storico

Gli storici analizzano i miti di creazione slavi alla luce degli eventi storici e delle trasformazioni culturali. La cristianizzazione delle terre slave ha portato alla sincretizzazione dei miti pagani con le narrazioni cristiane, producendo una mitologia ibrida che riflette le tensioni e le integrazioni tra le vecchie e le nuove credenze. Gli storici esaminano come questi miti siano stati preservati, trasformati o soppressi nel corso dei secoli, offrendo una prospettiva su come le tradizioni culturali sopravvivano e si adattino ai cambiamenti storici.

In conclusione, le interpretazioni moderne e accademiche dei miti di creazione slavi offrono una varietà di prospettive che arricchiscono la nostra comprensione di queste narrazioni complesse e affascinanti. Attraverso approcci comparativi, antropologici, psicologici, simbolici e storici, possiamo vedere come questi miti riflettano le preoccupazioni, le esperienze e le visioni del mondo degli antichi Slavi, fornendo al contempo spunti preziosi sulla natura universale del mito e del simbolo.

Confronto con Miti di Altre Culture

I miti della creazione degli antichi Slavi presentano sorprendenti analogie e interessanti differenze rispetto ai miti di creazione di altre culture del mondo. Questo confronto rivela non solo le peculiarità della mitologia slava, ma anche i temi e i simboli universali che accomunano le diverse tradizioni mitologiche.

Mitologia Nordica

Nella mitologia nordica, la creazione del mondo è narrata attraverso il mito di Ymir, un gigante primordiale, e l'albero cosmico Yggdrasil. Come nei miti slavi, il concetto di un caos primordiale da cui emerge l'ordine è centrale. Rod, il dio creatore slavo, può essere paragonato a Odino, che, insieme ai suoi fratelli, uccide Ymir e utilizza il suo corpo per creare il mondo. Entrambe le tradizioni enfatizzano l'importanza di un'entità centrale che struttura e ordina il cosmo, e l'albero cosmico Yggdrasil trova un parallelo nell'Albero della Vita slavo, che collega i diversi piani dell'esistenza.

Mitologia Greca

Nella mitologia greca, il mito della creazione inizia con il caos primordiale, seguito dall'emergere di Gaia (Terra) e Urano (Cielo). Le successive generazioni di dei, compresi i Titani e gli Olimpici, continuano a modellare l'universo. La lotta tra le forze dell'ordine e del caos, incarnata nel conflitto tra Perun e Veles, può essere paragonata alla titanomachia, la guerra tra i Titani e gli dei olimpici. Inoltre, la figura di Rod può essere vista come parallela a quella di Crono, che rappresenta il tempo e la creazione, anche se con connotazioni diverse.

Mitologia Indiana

I miti di creazione della mitologia indiana, particolarmente quelli trovati nei Veda, condividono elementi con i miti slavi. Nella Rigveda, il dio Prajapati è il creatore che emerge dal caos primordiale. Simile a Rod, Prajapati dà origine agli elementi del mondo. Inoltre, il concetto di un uccello cosmico che gioca un ruolo nella creazione del mondo si trova anche nell'induismo, dove Garuda, un'aquila divina, è spesso associata con Vishnu, uno degli dei principali. Questo parallelo sottolinea la presenza di archetipi comuni nella cosmogonia globale.

Mitologia Egizia

Nella mitologia egizia, la creazione è spesso attribuita al dio Atum, che emerge dalle acque primordiali del Nun per creare il mondo. Il tema delle acque primordiali è presente anche nei miti slavi, dove l'oceano infinito rappresenta il caos da cui Rod crea la terra. Atum crea tramite la parola e il pensiero, simile a come Rod utilizza la sabbia portata dall'uccello cosmico per formare la terra. Le analogie tra le divinità creatrici e l'uso degli elementi naturali per strutturare il mondo mostrano una visione comune della creazione come un processo di organizzazione e differenziazione.

Mitologia Mesoamericana

Nella mitologia mesoamericana, in particolare quella dei Maya e degli Aztechi, i miti della creazione spesso coinvolgono dei che plasmano il mondo e l'umanità attraverso il sacrificio e la trasformazione. Ad esempio, nella mitologia azteca, Quetzalcoatl e Tezcatlipoca collaborano e competono per creare il mondo. Questo dualismo è simile alla rivalità tra Perun e Veles nei miti slavi, dove due divinità con caratteristiche opposte interagiscono per stabilire l'equilibrio cosmico.

Mitologia Cinese

In mitologia cinese, il mito di Pangu, che crea il mondo separando il cielo e la terra, ha somiglianze con le storie slave in cui il caos primordiale viene ordinato da un'entità divina. Pangu utilizza il proprio corpo per formare vari elementi naturali, un tema che riecheggia nella divisione dell'ordine cosmico nei miti slavi, dove le divinità e le creature primordiali partecipano alla formazione del mondo. Anche la presenza di un albero cosmico o un pilastro che collega il cielo e la terra trova corrispondenze nelle due mitologie.

In conclusione, il confronto tra i miti della creazione slavi e quelli di altre culture rivela temi comuni come il caos primordiale, l'importanza di un'entità creatrice, la lotta tra ordine e caos, e l'uso di simboli naturali come alberi e acqua. Queste somiglianze indicano che, nonostante le differenze culturali e geografiche, le società umane condividono una visione universale della creazione come un processo di organizzazione e armonizzazione del caos. Allo stesso tempo, le specificità dei miti slavi, con le loro uniche divinità e creature, arricchiscono la nostra comprensione della diversità mitologica del mondo.

L'Importanza dei Miti della Creazione nella Cultura Slava

I miti di creazione occupano un ruolo centrale nella cultura slava, fungendo da fondamento per molte delle loro credenze religiose, pratiche rituali e visioni del mondo. Questi miti non sono solo racconti sulle origini dell'universo, ma incarnano valori profondi e principi morali che hanno modellato l'identità culturale e spirituale degli Slavi.

Base per la Religione e la Spiritualità

I miti di creazione forniscono la struttura narrativa che sostiene il sistema religioso slavo. Le divinità e le creature primordiali descritte in questi racconti sono venerate attraverso culti e riti che celebrano la loro importanza cosmica. La figura di Rod, ad esempio, è centrale come creatore e origine di tutte le cose, e il suo culto riflette il rispetto per il principio creativo e l'unità dell'universo. La connessione tra gli dei e le forze naturali, come quella tra Perun e il tuono, o Veles e la terra, sottolinea l'interdipendenza tra il divino e il naturale, creando una spiritualità che abbraccia e celebra il mondo naturale.

Fondamento Morale e Sociale

I miti di creazione trasmettono valori morali e sociali fondamentali. Le storie di lotta tra ordine e caos, bene e male, come le battaglie tra Perun e Veles, forniscono modelli di comportamento etico e insegnano l'importanza della giustizia, del coraggio e della rettitudine. Questi miti riflettono la necessità di mantenere l'ordine e l'armonia nella vita quotidiana, promuovendo la coesione sociale e il rispetto per le leggi naturali e divine. I racconti di eroi che affrontano sfide cosmiche per stabilire l'ordine incoraggiano l'individualità e la resilienza, valori essenziali nelle comunità agricole e guerriere degli antichi Slavi.

Riti e Festività

I miti di creazione sono alla base di molte feste stagionali e rituali nella cultura slava. Celebrazioni come la notte di Kupala e la Maslenitsa includono riti che richiamano i temi della creazione, della fertilità e della rigenerazione presenti nei miti. Questi riti non solo commemorano gli eventi mitici, ma rafforzano anche il legame tra la comunità e il ciclo naturale. Durante queste festività, le storie di creazione sono raccontate e rivissute attraverso canti, danze e drammi rituali, creando un senso di continuità e appartenenza tra le generazioni.

Educazione e Trasmissione Culturale

I miti di creazione svolgono un ruolo cruciale nell'educazione dei giovani e nella trasmissione della cultura. Raccontati da generazioni di narratori, questi miti introducono i bambini ai principi fondamentali della loro cultura, insegnando loro la storia, i valori e le credenze del loro popolo. La narrazione di questi miti funge da strumento pedagogico che non solo trasmette conoscenze, ma rafforza anche l'identità culturale e il senso di appartenenza. Attraverso questi racconti, i giovani apprendono il significato delle festività, dei riti e dei simboli che li circondano, e come questi si collegano alle storie di creazione.

Connessione con la Natura

I miti di creazione slavi sottolineano una profonda connessione con la natura, rappresentando il mondo naturale come sacro e interconnesso con il divino. Questo rispetto per la natura si riflette nelle pratiche agricole e nelle credenze popolari che vedono la terra, i fiumi, le foreste e gli animali come dotati di spirito e vitalità. Le storie di creazione che coinvolgono spiriti della natura come le Rusalki e i Leshy rafforzano la comprensione che l'umanità deve vivere in armonia con l'ambiente, rispettando e proteggendo le risorse naturali.

Influenza sulla Cultura e l'Arte

L'importanza dei miti di creazione nella cultura slava si riflette anche nelle arti visive, nella letteratura e nella musica. Questi miti hanno ispirato poeti, scrittori, pittori e musicisti, che hanno reinterpretato e celebrato queste storie attraverso le loro opere. La mitologia slava è diventata una fonte di orgoglio nazionale e identità culturale, influenzando non solo la cultura popolare ma anche il rinascimento culturale che ha cercato di riscoprire e valorizzare le antiche tradizioni.

In conclusione, i miti di creazione sono fondamentali per la cultura slava, fornendo una base narrativa per la religione, la morale, i riti e la trasmissione culturale. Questi miti non solo spiegano le origini dell'universo, ma offrono anche un quadro di riferimento per comprendere il mondo, la natura e il ruolo dell'umanità in esso. Attraverso questi racconti, gli antichi Slavi hanno codificato i loro valori, celebrato la loro identità culturale e trasmesso la loro saggezza alle generazioni future.

Capitolo 3. Le Divinità degli Slavi

Elenco e Descrizione delle Principali Divinità

Perun: dio del tuono e della guerra

Perun è una delle divinità più importanti e venerate nel pantheon slavo, rappresentando il dio del tuono, della folgore, della guerra e della giustizia. La sua figura è centrale nella mitologia slava, e il suo culto era diffuso tra tutte le tribù slave, dalla Russia ai Balcani, fino alla Polonia e alla Repubblica Ceca.

Perun è spesso descritto come un potente guerriero, con un aspetto maestoso e terribile. È rappresentato con una barba fluente, simbolo di saggezza e autorità, e spesso armato di un'ascia o di un martello, strumenti con cui scatena il tuono e il fulmine. La sua presenza è associata ai cieli tempestosi e ai tuoni rimbombanti, che gli antichi slavi interpretavano come segni della sua potenza e del suo intervento divino.

Il ruolo di Perun come dio del tuono e della folgore lo collega direttamente con il cielo e gli elementi atmosferici. Nei miti slavi, Perun è spesso in conflitto con Veles, il dio della terra, dell'acqua e del mondo sotterraneo. Questo conflitto rappresenta la lotta eterna tra ordine e caos, luce e oscurità, cielo e terra. Ogni tempesta e ogni fulmine erano visti come manifestazioni di questa battaglia cosmica, con Perun che scagliava fulmini contro Veles, rappresentato spesso come un serpente o un drago che cerca di rubare il bestiame o rapire le anime.

Perun non è solo un dio guerriero, ma anche un simbolo di giustizia e ordine. Egli è il custode delle leggi divine e umane, e il suo martello non è solo un'arma, ma anche un simbolo del potere giudiziario. Le tribù slave lo invocavano nei giuramenti e nei trattati, e il suo nome era sinonimo di verità e integrità. I guerrieri pregavano Perun per ottenere forza e protezione in battaglia, e i capi tribù si rivolgevano a lui per garantire l'equità e la giustizia nelle loro decisioni.

Il culto di Perun era caratterizzato da riti e sacrifici specifici. Le querce erano considerate alberi sacri a Perun, e i santuari dedicati a lui erano spesso situati in boschi di querce o su colline elevate, che simbolicamente avvicinavano i devoti al cielo. I sacrifici a Perun includevano animali, specialmente tori, e oggetti di metallo come armi e gioielli, che venivano offerti per placare la sua ira e guadagnare il suo favore. Le festività a lui dedicate, come la celebrazione del giorno di Perun, comprendevano canti, danze e banchetti in suo onore.

Oltre al suo ruolo nel pantheon slavo, Perun ha lasciato un'impronta duratura nella cultura e nella lingua delle popolazioni slave. Il suo nome è presente in toponimi, nomi personali e titoli onorifici, e le sue storie sono sopravvissute nella tradizione orale e nei testi scritti. Anche dopo la cristianizzazione delle terre slave, l'immagine di Perun è stata in parte assimilata e trasformata in figure di santi guerrieri, come San Giorgio e San Michele, che continuano a rappresentare il coraggio e la giustizia.

In conclusione, Perun è una figura centrale nella mitologia slava, incarnando le forze del cielo, del tuono e della guerra, e rappresentando i valori di giustizia, ordine e potere. Il suo culto e la sua iconografia riflettono la profonda connessione degli antichi slavi con la natura e le forze elementali, e il suo ruolo nelle storie mitologiche continua a influenzare la cultura e la spiritualità dei popoli slavi fino ai giorni nostri.

Veles: Dio della Terra, dell'Acqua e del Mondo Sotterraneo

Veles è una delle divinità più complesse e affascinanti del pantheon slavo, rappresentando il dio della terra, dell'acqua e del mondo sotterraneo. Contrapposto a Perun, il dio del tuono e della guerra, Veles incarna le forze della natura, la fertilità, la magia e il caos.

Veles è spesso raffigurato come una figura ambivalente e metamorfica. Nei miti slavi, può apparire come un serpente o un drago, creature che simboleggiano la sua connessione con il mondo sotterraneo e le forze primordiali. Tuttavia, può anche assumere forme più benevole, come un uomo barbuto o un pastore, riflettendo la sua influenza sulla terra e sugli animali. Questa dualità fa di Veles una divinità associata sia alla fertilità e alla prosperità che al pericolo e all'inganno.

Come dio della terra, Veles è il guardiano dei campi, delle foreste e degli animali. Egli è strettamente legato al bestiame e alla pastorizia, e i pastori lo veneravano per proteggere i loro greggi e assicurare la loro abbondanza. La sua connessione con la terra si manifesta anche nella sua associazione con la fertilità agricola. Veles è invocato per garantire raccolti abbondanti e per proteggere la terra dalle calamità naturali. I riti agricoli spesso includevano sacrifici a Veles, come l'offerta di latte, miele e grano, per placare la sua ira e ottenere il suo favore.

Veles è anche il dio dell'acqua, controllando fiumi, laghi e sorgenti. Le acque, come fonte di vita e prosperità, sono sotto la sua protezione, e i riti a lui dedicati includevano purificazioni e offerte gettate nelle acque per garantirne la purezza e l'abbondanza. Questa associazione con l'acqua riflette la sua natura fluida e mutabile, capace di influenzare tanto la crescita quanto la distruzione.

Uno degli aspetti più intriganti di Veles è il suo ruolo come signore del mondo sotterraneo e delle forze del caos. Egli è il custode dei morti e delle ricchezze sotterranee, come i metalli preziosi e le pietre. La sua dimora nel mondo sotterraneo lo rende una figura chiave nei miti legati alla morte e alla rinascita, e il suo regno è visto come un luogo di mistero e trasformazione. Le storie di Veles spesso coinvolgono viaggi nel mondo sotterraneo, simbolizzando la discesa nell'inconscio e il confronto con le paure e i desideri più profondi.

Il conflitto eterno tra Veles e Perun è uno dei temi centrali della mitologia slava. Questo conflitto rappresenta la lotta tra ordine e caos, luce e oscurità, e cielo e terra. Veles, in quanto dio del caos, spesso sfida Perun rubando il bestiame o rapendo l'anima delle persone, costringendo Perun a scatenare tempeste e fulmini per ristabilire l'ordine. Questa dinamica di rivalità e complementarità tra Veles e Perun riflette la dualità fondamentale della natura e della vita stessa.

Nonostante il suo aspetto a volte ingannevole e caotico, Veles è anche una figura di grande saggezza e conoscenza. Egli è associato alla magia, alla musica e alla poesia, e i suoi doni agli esseri umani includono l'arte della divinazione e della guarigione. I sacerdoti e i maghi spesso invocavano Veles per ottenere il suo aiuto nelle loro pratiche magiche e rituali, riconoscendo il suo potere di influenzare il destino e il mondo invisibile.

Il culto di Veles era diffuso in tutta la regione slava, e i suoi santuari si trovavano spesso in luoghi naturali, come foreste sacre, sorgenti e grotte. I riti a lui dedicati includevano danze, canti e sacrifici, e le festività legate a Veles erano momenti di grande importanza comunitaria, in cui le persone si riunivano per celebrare la sua potenza e cercare il suo favore.

Per riassumere, Veles è una figura centrale e complessa nella mitologia slava, rappresentando la terra, l'acqua e il mondo sotterraneo. La sua dualità di fertilità e caos, protezione e inganno, lo rende una divinità multifacetica che incarna le forze vitali e misteriose della natura. Attraverso i suoi miti e il suo culto, Veles continua a essere una fonte di ispirazione e venerazione, riflettendo la profondità e la ricchezza della tradizione spirituale slava.

Mokosh: Dea della Fertilità e della Casa

Mokosh è una delle poche divinità femminili prominenti nel pantheon slavo, rappresentando la dea della fertilità, della terra e della casa. La sua venerazione attraversava tutte le regioni slave, dalla Russia ai Balcani, riflettendo l'importanza centrale della fertilità e della prosperità domestica nella vita quotidiana degli antichi slavi.

Mokosh è spesso raffigurata come una figura materna, generosa e protettiva, connessa strettamente con la terra e le attività domestiche. Nelle rappresentazioni artistiche, è descritta con un volto benevolo, a volte con una corona di spighe di grano o con i simboli del fuso e della lana, strumenti che sottolineano il suo ruolo di protettrice delle donne e delle attività domestiche come la filatura e la tessitura. Questa associazione con il fuso e la lana simboleggia il suo dominio sul destino e la continuità della vita.

Come dea della fertilità, Mokosh è strettamente legata alla terra e alla natura. È la madre terra, responsabile della crescita dei raccolti e della fertilità dei campi. Gli agricoltori la veneravano per assicurarsi raccolti abbondanti e per proteggere la terra dalle calamità naturali. I riti agricoli a lei dedicati includevano sacrifici di grano, miele e latte, prodotti che rappresentavano la sua benevolenza e la sua capacità di nutrire e sostenere la vita. Le festività stagionali, come la celebrazione della primavera e del raccolto, erano momenti in cui la comunità rendeva omaggio a Mokosh con danze, canti e offerte rituali.

Mokosh è anche la custode della casa e della famiglia, incarnando la protezione e la prosperità domestica. Le donne, in particolare, la veneravano come patrona delle attività quotidiane e delle arti domestiche. La sua protezione era invocata durante le nascite, i matrimoni e altri riti di passaggio, momenti cruciali nella vita familiare. Si credeva che Mokosh abitasse nelle case, spesso rappresentata da piccole statuette o immagini poste accanto al focolare, il cuore della casa slava. Questi simboli servivano a ricordare la sua presenza costante e a garantire la sua protezione contro le influenze maligne.

La connessione di Mokosh con l'acqua aggiunge un altro strato al suo dominio. L'acqua è fonte di vita e purificazione, e Mokosh è spesso associata a pozzi, sorgenti e fiumi. I riti di purificazione con l'acqua, come i bagni rituali e le offerte gettate nei fiumi, erano pratiche comuni per onorare Mokosh e chiedere la sua benedizione. Queste cerimonie riflettono la sua capacità di purificare, rinnovare e proteggere la vita.

Il simbolismo di Mokosh si estende anche alla protezione contro gli spiriti maligni e le forze negative. Le donne intessevano amuleti e talismani dedicati a lei, credendo che la sua presenza potesse allontanare le malattie e le disgrazie. La sua figura materna e protettiva rappresentava una forza benevola che garantiva la sicurezza e la salute della famiglia e della comunità.

Mokosh è anche vista come una dea della sorte e del destino, in grado di influenzare le vite degli esseri umani. In questo ruolo, è collegata alle Parche o Moire della mitologia greca e romana, che filano i fili del destino umano. Le storie e le leggende che la riguardano spesso includono temi di crescita, rigenerazione e trasformazione, riflettendo il ciclo naturale di vita, morte e rinascita.

Per riassumere, Mokosh è una figura centrale e poliedrica nella mitologia slava, incarnando la fertilità, la terra, la casa e la protezione. La sua venerazione riflette l'importanza della terra e delle attività domestiche nella vita degli antichi slavi, e il suo culto continua a rappresentare una connessione profonda con la natura e il sacro femminile. Attraverso i suoi miti, i riti e le pratiche quotidiane, Mokosh rimane una figura venerata che simboleggia la continuità della vita e la protezione materna.

Riti e Culti Dedicati agli Dei

Cerimonie e Sacrifici per Perun

Il culto di Perun, il potente dio del tuono e della guerra, era centrale nella religione degli antichi slavi. I riti e i sacrifici dedicati a Perun erano pratiche essenziali che miravano a garantire la sua protezione, ottenere il suo favore e mantenere l'ordine cosmico. Queste cerimonie erano caratterizzate da una serie di rituali complessi e simbolici che coinvolgevano la comunità intera, rafforzando il legame tra gli esseri umani e il divino.

Luoghi di Culto

I santuari dedicati a Perun erano spesso situati in luoghi elevati, come colline, montagne o boschi di querce, che simbolicamente avvicinavano i devoti al cielo, dimora del dio del tuono. Le querce, in particolare, erano considerate sacre a Perun, e molti dei suoi santuari erano costruiti vicino a questi alberi. In questi luoghi sacri, i fedeli si radunavano per eseguire i rituali e fare offerte, credendo che la vicinanza al cielo e alla natura sacra delle querce facilitasse la comunicazione con Perun.

Cerimonie e Riti

Le cerimonie in onore di Perun includevano sacrifici animali, specialmente di tori, che erano considerati simboli di forza e potenza. Il sacrificio di un toro era un evento solenne e significativo, che richiedeva preparazioni elaborate e la partecipazione di sacerdoti e membri della comunità. Il sangue del toro sacrificato era spesso versato sulla terra come offerta per garantire la fertilità e la protezione dei campi. La carne dell'animale veniva poi cucinata e condivisa tra i partecipanti in un banchetto rituale, che simboleggiava l'unione tra il divino e gli esseri umani.

Le offerte di pane, miele, grano e bevande erano comuni durante le cerimonie dedicate a Perun. Questi doni rappresentavano i frutti del lavoro umano e la prosperità della comunità, offerti in segno di gratitudine e devozione. Gli oggetti di metallo, come spade, asce e altri strumenti, erano spesso consacrati a Perun e lasciati nei santuari o sepolti sotto le querce sacre, poiché il metallo, associato al fulmine, era considerato un materiale sacro al dio del tuono.

Durante le celebrazioni, canti e danze rituali venivano eseguiti per onorare Perun e invocare la sua presenza. I sacerdoti recitavano preghiere e invocazioni, chiedendo al dio di proteggere la comunità, garantire la vittoria in battaglia e portare la pioggia necessaria per i raccolti. Questi riti erano accompagnati dal suono dei tamburi e delle cornamuse, strumenti che imitavano il rombo del tuono e il suono della tempesta.

Festività

Una delle principali festività dedicate a Perun era celebrata durante l'estate, in coincidenza con il culmine della stagione agricola. Questa festività, spesso conosciuta come il giorno di Perun, era un momento di grande festa e celebrazione comunitaria. Durante questo periodo, venivano eseguiti grandi sacrifici e si tenevano giochi e competizioni in onore del dio. Le gare di forza, come il lancio della pietra e la lotta, erano particolarmente popolari, simboleggiando il coraggio e la potenza associati a Perun.

Un altro aspetto importante del culto di Perun era la cerimonia del giuramento. I giuramenti e i trattati erano spesso fatti invocando il nome di Perun, e si credeva che il dio punisse severamente chi violava tali promesse. Questi giuramenti erano solitamente sigillati con il sangue di un animale sacrificato e pronunciati nei santuari sacri, alla presenza dei sacerdoti e dei membri della comunità.

Riti di Protezione

I riti di protezione erano un altro elemento cruciale del culto di Perun. Durante le tempeste, i fedeli si rivolgevano a Perun per protezione contro i fulmini e le calamità naturali. Amuleti e talismani dedicati a Perun, spesso realizzati in metallo, erano portati come protezione contro il male e il pericolo. Questi amuleti rappresentavano simboli del fulmine e dell'ascia, ricordando il potere di Perun di controllare le forze naturali e di proteggere i suoi devoti.

In conclusione, i riti e i sacrifici dedicati a Perun erano pratiche fondamentali nella vita religiosa degli antichi slavi. Attraverso cerimonie elaborate, sacrifici significativi e festività comunitarie, i fedeli onoravano Perun e cercavano il suo favore. Questi riti non solo garantivano la protezione e la prosperità della comunità, ma rafforzavano anche il legame tra il mondo umano e quello divino, mantenendo viva la presenza e il potere di Perun nella vita quotidiana.

Riti di Venerazione per Veles

I riti di venerazione per Veles, il dio della terra, dell'acqua e del mondo sotterraneo, erano centrali nella vita religiosa degli antichi slavi. Come divinità complessa e ambivalente, Veles era associato alla fertilità, alla prosperità, alla magia e al caos. I suoi culti riflettevano la sua duplice natura, combinando elementi di celebrazione agricola, protezione domestica e pratiche magiche.

Luoghi di Culto

I santuari dedicati a Veles erano spesso situati in luoghi naturali, come foreste sacre, grotte, sorgenti e fiumi. Questi luoghi, percepiti come punti di contatto tra il mondo terreno e quello sotterraneo, erano considerati sacri e ideali per comunicare con Veles. Le querce e i salici, alberi associati alla fertilità e alla magia, erano spesso presenti nei santuari di Veles, e i fedeli vi si recavano per eseguire i riti e fare offerte.

Cerimonie e Sacrifici

Le cerimonie in onore di Veles includevano sacrifici animali, soprattutto di bestiame, che era sotto la sua protezione. Il sacrificio di un toro o di un capro rappresentava un atto di devozione e riconoscenza, volto a garantire la fertilità dei campi e la prosperità delle greggi. Il sangue degli animali sacrificati era spesso versato sulla terra o nelle acque come offerta per Veles, e la carne era condivisa in banchetti rituali che rafforzavano il legame comunitario.

Le offerte di latte, miele, burro e grano erano comuni nei riti dedicati a Veles. Questi prodotti simboleggiavano la fertilità e la generosità della terra, e venivano lasciati presso i santuari o gettati nelle acque per onorare il dio. Gli oggetti d'oro e d'argento, metalli preziosi associati alla ricchezza sotterranea di Veles, erano talvolta sepolti come offerte votive per assicurare la sua benevolenza.

Riti Agricoli

I riti agricoli per Veles erano essenziali per garantire buoni raccolti e la protezione dei campi. Durante la semina e il raccolto, gli agricoltori eseguivano riti specifici che includevano preghiere, canti e danze in onore di Veles. Le pratiche di benedizione dei semi e dei raccolti erano comuni, con i sacerdoti che invocavano Veles per proteggere le coltivazioni dalle calamità naturali e per assicurare l'abbondanza.

Una pratica particolarmente significativa era la fertilizzazione rituale dei campi, in cui il letame e altre sostanze fertilizzanti erano benedetti e sparsi sulla terra in cerimonie che coinvolgevano l'intera comunità. Questi riti sottolineavano la connessione tra Veles, la fertilità e la prosperità agricola.

Riti di Protezione e Magia

Come dio della magia e del mondo sotterraneo, Veles era invocato in riti di protezione contro gli spiriti maligni e le forze negative. I maghi e gli sciamani chiamavano Veles durante le pratiche di divinazione, guarigione e incantesimi, credendo che il suo potere potesse influenzare il destino e proteggere dalle malattie e dai malefici.

I riti di purificazione con l'acqua erano comuni nelle celebrazioni di Veles. Le sorgenti e i fiumi sacri erano utilizzati per purificare i fedeli e gli oggetti rituali, e le offerte di acqua purificata erano fatte per placare Veles e ottenere la sua protezione. Le cerimonie di purificazione spesso includevano bagni rituali e l'aspersione delle case e dei campi con acqua benedetta.

Festività

Le festività dedicate a Veles erano momenti di grande importanza comunitaria, caratterizzate da riti, danze, canti e banchetti. Una delle principali celebrazioni era il giorno di Veles, che segnava l'inizio della primavera e la rinascita della terra. Durante questa festività, la comunità si riuniva per onorare Veles con cerimonie che includevano sacrifici, offerte e riti di fertilità. Le danze rituali, spesso eseguite intorno ai fuochi, simboleggiavano la rinascita della natura e la protezione del dio.

Protezione del Bestiame

Veles, essendo il protettore del bestiame, era venerato con riti specifici volti a garantire la salute e la prosperità degli animali. I pastori invocavano Veles per proteggere le greggi dai predatori e dalle malattie, e i riti di benedizione degli animali erano comuni. Questi riti includevano l'aspersione degli animali con acqua benedetta, la recitazione di preghiere e l'offerta di latte e miele.

In conclusione, i riti di venerazione per Veles riflettevano la sua importanza multifacetica come dio della terra, dell'acqua, della fertilità e della magia. Attraverso cerimonie elaborate, sacrifici significativi e riti agricoli, i fedeli onoravano Veles e cercavano il suo favore per garantire la prosperità e la protezione della comunità. Questi riti non solo rafforzavano il legame tra gli esseri umani e il divino, ma anche tra la comunità e il mondo naturale, mantenendo viva la presenza e il potere di Veles nella vita quotidiana degli antichi slavi.

Festività e Pratiche Religiose per Mokosh

Mokosh, la dea della fertilità, della terra e della casa, occupava un ruolo fondamentale nella vita religiosa degli antichi slavi. Le festività e le pratiche religiose dedicate a lei riflettevano l'importanza della fertilità, della prosperità domestica e della protezione della famiglia nella cultura slava. Questi riti e celebrazioni erano caratterizzati da una serie di rituali simbolici che coinvolgevano l'intera comunità, rafforzando il legame tra il sacro femminile, la terra e la vita quotidiana.

Festività di Mokosh

Una delle principali festività dedicate a Mokosh era celebrata in autunno, durante la fine del raccolto. Questa festività, spesso conosciuta come Mokosh Day o Velika Noć, segnava un momento di ringraziamento e celebrazione della fertilità della terra. Durante questa festa, la comunità si riuniva per onorare Mokosh con canti, danze e offerte rituali, esprimendo gratitudine per i raccolti abbondanti e invocando la protezione della dea per l'anno successivo.

Le donne, in particolare, giocavano un ruolo centrale nelle celebrazioni di Mokosh. Esse preparavano pani rituali decorati con simboli di fertilità e abbondanza, come spighe di grano e figure di animali, che venivano offerti alla dea. Questi pani erano spesso consumati durante un banchetto comunitario, simbolizzando la condivisione dei frutti della terra e la solidarietà tra i membri della comunità.

Riti di Fertilità

I riti di fertilità dedicati a Mokosh erano pratiche fondamentali per garantire la prosperità dei campi e la fecondità delle donne. Durante la semina e il raccolto, gli agricoltori eseguivano riti specifici per invocare la benedizione di Mokosh, come la benedizione dei semi e dei campi. Questi riti includevano l'aspersione dei campi con acqua benedetta, l'interramento di simboli sacri come statuette di Mokosh e l'offerta di latte, miele e burro.

Le donne in gravidanza e coloro che desideravano concepire partecipavano a riti di benedizione e purificazione in onore di Mokosh. Questi riti includevano bagni rituali in acque sacre, la recitazione di preghiere e l'uso di amuleti protettivi. Si credeva che Mokosh potesse garantire una gravidanza sicura e proteggere la madre e il bambino durante il parto.

Protezione Domestica

Come dea della casa e della famiglia, Mokosh era venerata attraverso riti domestici volti a garantire la protezione e la prosperità della casa. Le donne intessevano talismani e amuleti raffiguranti Mokosh o i suoi simboli, come il fuso e il fuso a mano, per proteggere la casa dagli spiriti maligni e dalle influenze negative. Questi talismani erano spesso appesi sopra il focolare o nascosti negli angoli della casa per assicurare la presenza benevola della dea.

I riti di benedizione della casa erano pratiche comuni, specialmente durante le festività stagionali e i momenti di transizione, come i matrimoni e le nascite. Questi riti includevano l'aspersione della casa con acqua benedetta, l'accensione di candele rituali e la recitazione di preghiere per invocare la protezione e la benedizione di Mokosh. Le donne della casa recitavano preghiere e canti in onore della dea, chiedendo la sua protezione e il suo sostegno per garantire l'armonia e la prosperità familiare.

Riti Agricoli e di Ringraziamento

Durante le festività agricole, come la festa del raccolto, i riti in onore di Mokosh includevano offerte di frutta, fiori e prodotti della terra. Questi doni erano posti su altari all'aperto o ai piedi degli alberi sacri, simbolizzando il ringraziamento per la generosità della dea e l'abbondanza dei raccolti. I partecipanti recitavano canti e preghiere, esprimendo gratitudine e chiedendo la continua benedizione di Mokosh per le future stagioni agricole.

Cerimonie di Tessitura e Filatura

Le cerimonie di tessitura e filatura erano particolarmente importanti nel culto di Mokosh. Come protettrice delle attività domestiche, Mokosh era invocata durante la filatura della lana e la tessitura dei tessuti. Le donne organizzavano serate di filatura durante le quali si riunivano per lavorare insieme, recitando preghiere e canti in onore della dea. Queste attività non solo garantivano la protezione di Mokosh, ma rafforzavano anche i legami sociali e comunitari.

In conclusione, le festività e le pratiche religiose dedicate a Mokosh riflettevano la sua importanza come dea della fertilità, della terra e della casa. Attraverso cerimonie elaborate, riti domestici e feste comunitarie, gli antichi slavi onoravano Mokosh e cercavano il suo favore per garantire la prosperità agricola, la protezione domestica e l'armonia familiare. Questi riti non solo rafforzavano il legame tra la comunità e il divino, ma mantenevano viva la presenza e il potere di Mokosh nella vita quotidiana.

Rappresentazioni Artistiche e Simboliche

Iconografia e Simboli Associati agli Dei

Le divinità del pantheon slavo sono state rappresentate attraverso una vasta gamma di iconografie e simboli che riflettono la loro essenza, i loro attributi e il loro ruolo nella mitologia e nella religione degli antichi slavi. Queste rappresentazioni artistiche e simboliche non solo illustrano le caratteristiche distintive degli dei, ma anche comunicano il significato profondo e il potere di ciascuna divinità.

Perun

Perun, il dio del tuono e della guerra, è frequentemente rappresentato come un possente guerriero armato di un'ascia o di un martello, strumenti con cui scatena il tuono e il fulmine. La sua immagine iconografica include spesso una barba fluente, simbolo di saggezza e autorità. Gli alberi di quercia, considerati sacri a Perun, sono un simbolo ricorrente nelle sue rappresentazioni, poiché il tuono spesso colpisce queste piante. Le immagini di fulmini e tempeste sono utilizzate per evocare la sua potenza e il suo dominio sui cieli. L'ascia di Perun, a volte rappresentata con un doppio filo, è un simbolo prominente, indicativo della sua capacità di portare giustizia e distruzione.

Veles

Veles, il dio della terra, dell'acqua e del mondo sotterraneo, è iconograficamente rappresentato in varie forme, riflettendo la sua natura mutevole e ambivalente. Può apparire come un serpente o un drago, simboli del caos e delle forze sotterranee, o come un uomo barbuto, spesso associato a pastori e bestiame. Le sue immagini includono frequentemente animali, come il lupo e il toro, che simboleggiano la sua connessione con la natura selvaggia e domestica. Il bastone pastorale e la corona di spine sono simboli legati a Veles, rappresentando la sua autorità sulla terra e la sua saggezza.

Mokosh

Mokosh, la dea della fertilità e della casa, è rappresentata come una figura materna e generosa, spesso raffigurata con spighe di grano, fusi e fuso a mano, simboli della fertilità agricola e delle attività domestiche. Le sue immagini includono acqua corrente, che rappresenta la purificazione e la fonte di vita, e fiori, che simboleggiano la bellezza e la fecondità della terra. I cerchi e i triangoli sono simboli geometrici associati a Mokosh, rappresentando la continuità della vita e la protezione della casa. Le immagini di Mokosh spesso la mostrano in atto di tessere o filare, sottolineando il suo ruolo di guardiana delle donne e delle arti domestiche.

Svarog

Svarog, il dio del fuoco e del cielo, è iconograficamente rappresentato come un fabbro divino, spesso raffigurato con un martello e un'incudine, strumenti della sua arte creatrice. Le immagini di Svarog includono frequentemente fiamme e sole, simboli del fuoco sacro e della luce che porta vita e conoscenza. Il cerchio solare è un simbolo prominente nelle rappresentazioni di Svarog, indicando il ciclo eterno del giorno e della notte, e la continuità della creazione.

Dazhbog

Dazhbog, il dio del sole, è rappresentato come un uomo splendente che guida un carro solare attraverso il cielo. Le sue immagini iconografiche includono raggi di sole e carri dorati, simboli della luce e della vita che egli porta. Il sole, spesso raffigurato come un disco d'oro, è il simbolo principale di Dazhbog, rappresentando la sua forza vitale e la sua capacità di illuminare e riscaldare il mondo.

Lada

Lada, la dea dell'amore e della bellezza, è iconograficamente rappresentata come una giovane donna di straordinaria bellezza, spesso circondata da fiori e uccelli, simboli della primavera e della rinascita. Le immagini di Lada includono cuori e gigli, che rappresentano l'amore e la purezza. Il fuso è anche un simbolo associato a Lada, riflettendo il suo ruolo nelle arti domestiche e nella creazione.

Simargl

Simargl, una creatura mitologica spesso raffigurata come un cane alato o un grifone, è rappresentato con ali e artigli, simboli della sua capacità di proteggere e custodire. Le sue immagini includono frequentemente fuoco e fiamme, indicando la sua connessione con il fuoco sacro e la purificazione. Simargl è un guardiano della natura, e le sue rappresentazioni spesso lo mostrano accanto a piante e alberi, sottolineando il suo ruolo protettivo.

In conclusione, l'iconografia e i simboli associati agli dei slavi sono ricchi di significato e profondità. Attraverso queste rappresentazioni artistiche, gli antichi slavi esprimevano le qualità divine, le forze naturali e i principi cosmici incarnati dalle loro divinità. Questi simboli non solo adornavano santuari e oggetti rituali, ma permeavano anche la vita quotidiana, ricordando costantemente la presenza e l'influenza degli dei nel mondo terreno.

Arte Rupestre e Manufatti Religiosi

L'arte rupestre e i manufatti religiosi degli antichi slavi offrono preziosi insight sulla loro spiritualità, credenze e pratiche religiose. Queste espressioni artistiche non solo decoravano i luoghi sacri, ma servivano anche come strumenti per comunicare con il divino e rafforzare l'identità culturale della comunità.

Arte Rupestre

L'arte rupestre degli antichi slavi, sebbene meno diffusa rispetto ad altre culture, rivela importanti aspetti delle loro credenze religiose e cosmologiche. Le incisioni e le pitture rupestri trovate in varie parti dell'Europa orientale spesso raffigurano scene di caccia, animali sacri e simboli cosmici. Tra queste rappresentazioni, spiccano i motivi legati alle divinità principali come Perun e Veles. Ad esempio, le immagini di fulmini e asce possono essere associate a Perun, mentre i serpenti e i tori possono simboleggiare Veles. Questi simboli erano incisi su rocce e caverne situate in luoghi considerati sacri, come foreste e colline, creando un legame diretto tra il paesaggio naturale e il mondo spirituale.

Manufatti Religiosi

I manufatti religiosi degli slavi includono una vasta gamma di oggetti utilizzati nei riti e nelle cerimonie, come amuleti, statuette, idoli e utensili rituali. Questi manufatti erano realizzati con materiali diversi, tra cui legno, pietra, metallo e argilla, ciascuno scelto per le sue proprietà simboliche e pratiche.

Gli idoli di legno e pietra erano spesso scolpiti per rappresentare le divinità principali. Questi idoli erano collocati nei santuari e negli altari domestici, fungendo da punto focale per la venerazione e le offerte. Le figure di Perun erano tipicamente scolpite con un aspetto maestoso e terribile, brandendo un'ascia o un fulmine, mentre le rappresentazioni di Veles potevano variare da forme antropomorfe a serpenti e draghi, riflettendo la sua natura ambivalente.

Gli amuleti e i talismani erano indossati come protezione contro il male e per attrarre la benevolenza delle divinità. Questi oggetti erano spesso incisi con simboli sacri, come il fulmine di Perun, il sole di Dazhbog o il fuso di Mokosh. Gli amuleti di metallo, specialmente quelli di bronzo e argento, erano particolarmente apprezzati per le loro proprietà protettive e curative.

Le statuette di argilla raffiguranti divinità come Mokosh e Lada erano comuni nei contesti domestici. Queste piccole figure venivano poste accanto al focolare o sugli altari familiari, dove venivano offerte preghiere e piccoli doni, come fiori, candele e cibi. Le statuette di Mokosh spesso la ritraevano con spighe di grano o strumenti di filatura, simboleggiando la fertilità e la protezione domestica.

Gli utensili rituali, come coppe, piatti e coltelli, erano utilizzati nei sacrifici e nelle cerimonie. Questi utensili erano spesso decorati con incisioni e motivi sacri, che servivano a consacrarli e a potenziarne l'efficacia rituale. Le coppe rituali, ad esempio, erano impiegate nelle libagioni per versare offerte di liquidi come acqua, latte, miele e idromele, mentre i coltelli sacrificali erano usati nei riti di sacrificio animale.

I braccialetti e i collane con pendenti raffiguranti simboli sacri erano indossati sia dagli uomini che dalle donne come segni di devozione e protezione. Questi gioielli non solo avevano una funzione estetica, ma servivano anche come amuleti per proteggere il portatore dagli spiriti maligni e dalle influenze negative.

In conclusione, l'arte rupestre e i manufatti religiosi degli antichi slavi sono testimonianze tangibili della loro ricca tradizione spirituale e culturale. Queste espressioni artistiche e simboliche non solo adornavano i luoghi sacri e le case, ma servivano anche come mezzi per connettere gli esseri umani con il divino. Attraverso questi artefatti, possiamo comprendere meglio le credenze, i riti e i valori che guidavano la vita degli antichi slavi, mantenendo viva la loro eredità culturale.

Evoluzione delle Rappresentazioni nel Tempo

L'evoluzione delle rappresentazioni artistiche e simboliche delle divinità slave riflette i cambiamenti culturali, sociali e religiosi che hanno attraversato le società slave nel corso dei secoli. Inizialmente, le raffigurazioni erano semplici e stilizzate, spesso incise su rocce e legno, focalizzate su simboli naturali e cosmici.

Con l'introduzione del cristianesimo, molte di queste immagini subirono trasformazioni, integrando elementi cristiani e sincretizzando vecchi e nuovi simboli. Gli idoli pagani furono spesso sostituiti o affiancati da icone cristiane, e i santuari vennero convertiti in chiese. Nonostante questi cambiamenti, le tradizioni artistiche continuarono a evolversi, mantenendo vivi i simboli ancestrali attraverso reinterpretazioni in oggetti di uso quotidiano, gioielli e arte popolare, preservando così l'eredità spirituale slava in forme adattate ai nuovi contesti religiosi e culturali.

Capitolo 4. Racconti di Eroi ed Eroine

Storie di Figure Eroiche nel Folklore Slavo

Ilya Muromets: Il Cavaliere Epico

Ilya Muromets è una delle figure più iconiche e celebrate del folklore slavo, incarnando l'essenza del cavaliere epico e dell'eroe popolare. Le storie di Ilya Muromets, tramandate attraverso i byliny, epiche popolari, narrano le sue gesta leggendari e ne esaltano il coraggio, la forza, la lealtà e la giustizia, valori fondamentali nella cultura slava.

Secondo la leggenda, Ilya nacque in un villaggio della regione di Murom, da cui deriva il suo nome. Per i primi trentatré anni della sua vita, fu paralizzato e incapace di muoversi, vivendo come un semplice contadino. Un giorno, ricevette una visita miracolosa da tre viandanti santi che lo guarirono, donandogli una forza sovrumana. Dopo aver acquisito questa nuova forza, Ilya decise di dedicare la sua vita a servire la sua terra e il suo popolo.

Ilya Muromets è noto per le sue imprese straordinarie e le battaglie contro i nemici della Rus' di Kiev. Una delle sue prime avventure lo vede affrontare Solovei-Razboynik, un brigante terribile noto come l'Usignolo del Bandito, che terrorizzava i viandanti con il suo fischio mortale. Con coraggio e determinazione, Ilya sconfisse il brigante, liberando le strade e guadagnandosi la fama di eroe.

Un altro episodio celebre è la sua difesa della città di Kiev contro l'invasione dei Cumani, una tribù nomade che minacciava la sicurezza del regno. Armato della sua mazza possente, Ilya combatté valorosamente, respingendo gli invasori e proteggendo il suo popolo. Questi racconti sottolineano il suo ruolo di difensore della giustizia e della patria.

Oltre alle sue gesta militari, Ilya Muromets è ricordato per la sua saggezza e il suo senso di giustizia. In molte storie, viene descritto come un consigliere fidato del principe Vladimir di Kiev, offrendo saggi consigli e assistenza nei momenti di bisogno. La sua lealtà verso il principe e il popolo di Kiev lo rende un modello di virtù e rettitudine.

La figura di Ilya Muromets è anche associata a numerosi simboli e artefatti che ne rappresentano la forza e il coraggio. La sua mazza è un simbolo di potenza e determinazione, mentre il suo cavallo fedele rappresenta la velocità e la lealtà. Questi simboli sono spesso raffigurati nelle opere d'arte, nelle sculture e nei racconti popolari, perpetuando la memoria dell'eroe attraverso i secoli.

L'eredità di Ilya Muromets è celebrata non solo nelle leggende orali, ma anche nella cultura contemporanea. La sua figura è stata immortalata in film, opere teatrali, libri e canzoni, continuando a ispirare generazioni di slavi con il suo esempio di coraggio e devozione. Inoltre, Ilya è stato canonizzato come santo dalla Chiesa Ortodossa, e il monastero delle Grotte di Kiev, dove si dice che riposi, è diventato un luogo di pellegrinaggio per i devoti.

In conclusione, Ilya Muromets è un'icona del folklore slavo, un simbolo di eroismo, forza e giustizia. Le sue storie, tramandate attraverso i secoli, continuano a risuonare con la gente, ricordando l'importanza dei valori e delle virtù che incarnava. Come cavaliere epico, la sua leggenda vive nel cuore e nell'anima del popolo slavo, rappresentando l'ideale dell'eroe che protegge la sua terra e il suo popolo contro ogni avversità.

L'Eroina Astuta: Vasilisa la Bella

Vasilisa la Bella è una delle figure più affascinanti e amate del folklore slavo, rappresentando l'archetipo dell'eroina astuta, coraggiosa e dotata di una bellezza straordinaria. Le storie di Vasilisa sono tramandate attraverso fiabe e leggende che mettono in risalto la sua intelligenza, la sua forza d'animo e la sua capacità di superare le avversità con astuzia e grazia.

Secondo la leggenda, Vasilisa era la figlia di un ricco mercante. Dopo la morte della madre, il padre si risposò con una donna crudele che portò con sé due figlie altrettanto malvagie. La matrigna e le sorellastre, gelose della bellezza e della bontà di Vasilisa, la trattavano come una serva, sottoponendola a lavori durissimi e tentando di farle del male. Tuttavia, prima di morire, la madre di Vasilisa le aveva lasciato una bambola magica, che poteva prendere vita e darle consigli e aiuti.

Un giorno, la matrigna, nel tentativo di sbarazzarsi di Vasilisa, la mandò a chiedere fuoco alla terribile Baba Yaga, la strega che abitava nella foresta. Armata solo della sua bambola magica, Vasilisa affrontò la pericolosa missione. La Baba Yaga, conosciuta per la sua astuzia e crudeltà, le impose una serie di compiti impossibili, sperando di disfarsene. Tuttavia, grazie ai consigli della sua bambola e alla sua propria astuzia, Vasilisa riuscì a completare tutte le prove, dimostrando coraggio e ingegno.

Alla fine, Baba Yaga, impressionata dalle capacità di Vasilisa, le diede un teschio incandescente che avrebbe portato il fuoco alla sua casa. Al ritorno, il teschio magico bruciò la matrigna e le sorellastre, liberando Vasilisa dalla loro tirannia. Questo episodio non solo mette in evidenza la resilienza e l'intelligenza di Vasilisa, ma anche il tema della giustizia divina e della liberazione dal male.

Dopo essere tornata a casa, Vasilisa andò a vivere con una vecchia donna, e grazie alle sue abilità di tessitura e cucito, divenne famosa per la sua maestria. Un giorno, il re vide uno dei suoi capi d'abbigliamento e volle incontrare la talentuosa tessitrice. Quando vide Vasilisa, si innamorò della sua bellezza e intelligenza e la sposò, facendola regina. Questo lieto fine sottolinea come la virtù, la bellezza interiore e l'intelligenza siano premiate.

Le storie di Vasilisa la Bella sono ricche di simbolismo e insegnamenti morali. La bambola magica simboleggia l'eredità materna e la guida spirituale, rappresentando il sostegno e la saggezza che aiutano Vasilisa a superare le difficoltà. La sua capacità di affrontare e superare le prove di Baba Yaga riflette l'importanza della determinazione e dell'astuzia nella vita.

Vasilisa è spesso associata a simboli di purezza e rinascita. La sua bellezza è un riflesso della sua virtù interiore, mentre la sua abilità di tessere e cucire rappresenta la capacità di costruire e creare, sia materialmente che spiritualmente. Le sue avventure mostrano che la vera forza non risiede solo nella forza fisica, ma anche nell'intelligenza, nella pazienza e nel coraggio morale.

La figura di Vasilisa la Bella continua a ispirare e a essere amata nel folklore slavo. La sua storia è stata adattata in numerosi libri, film e opere teatrali, mantenendo viva la sua leggenda. Vasilisa è un modello di come l'astuzia, la bontà e la determinazione possano superare le avversità e portare a un destino felice.

In conclusione, Vasilisa la Bella rappresenta l'eroina astuta per eccellenza nel folklore slavo. Le sue storie illustrano il potere della resilienza, dell'intelligenza e della bellezza interiore. Come simbolo di forza femminile e virtù, Vasilisa continua a essere un'icona di ispirazione e un esempio di come affrontare le sfide della vita con grazia e ingegno.

Svyatogor: Il Gigante Eroico

Svyatogor è una figura leggendaria e maestosa del folklore slavo, conosciuto come il gigante eroico. Le storie che lo riguardano, tramandate attraverso i byliny, lo descrivono come un colosso di forza immensa e di straordinaria saggezza. Svyatogor rappresenta non solo la potenza fisica, ma anche l'integrità morale e la profondità spirituale, incarnando i valori fondamentali degli antichi slavi.

Secondo le leggende, Svyatogor viveva sulle montagne sacre, che portano il suo nome, Svyatogorye. Queste montagne, situate ai confini del mondo conosciuto, simboleggiano il legame tra la terra e il cielo, e la dimora di Svyatogor è vista come un luogo di grande sacralità e mistero. Il gigante è descritto come un essere di proporzioni sovrumane, la cui altezza e forza sono tali da far tremare la terra al suo passaggio.

Una delle storie più celebri su Svyatogor riguarda il suo incontro con Ilya Muromets, un altro leggendario eroe slavo. In questa leggenda, Ilya, durante i suoi viaggi, incontra Svyatogor e i due stringono una forte amicizia. Riconoscendo la grande forza e il coraggio di Ilya, Svyatogor decide di trasmettergli parte del suo potere. In un atto simbolico di fratellanza e continuità eroica, Svyatogor trasferisce a Ilya una parte della sua forza vitale, assicurando che il suo spirito di protezione e giustizia continui attraverso le imprese di Ilya.

Un'altra leggenda narra di come Svyatogor trovò una misteriosa bara di ferro che poteva contenere solo il suo corpo. Quando entrò nella bara, il coperchio si chiuse magicamente, imprigionandolo per sempre. Questo episodio simboleggia il destino ineluttabile degli eroi e la transizione dalla dimensione terrena a quella divina. La bara di ferro rappresenta anche la forza inespugnabile e il legame eterno di Svyatogor con la terra, suggerendo che, sebbene il suo corpo fosse imprigionato, il suo spirito continuasse a proteggere le terre slave.

Le rappresentazioni artistiche di Svyatogor lo raffigurano spesso come un guerriero maestoso, con armi imponenti e armature pesanti, a simboleggiare la sua forza invincibile. Le sue immagini possono includere montagne, alberi giganti e altri elementi naturali che accentuano la sua connessione con la terra e la sua immensa statura. I racconti visivi lo mostrano frequentemente in atti di grande coraggio, protezione e saggezza, rendendolo una figura di ispirazione e ammirazione.

Svyatogor è anche un simbolo di integrità morale. Le sue storie non solo enfatizzano la sua forza fisica, ma anche la sua saggezza e giustizia. Egli è visto come un guardiano delle tradizioni e dei valori antichi, un protettore della verità e un campione contro le forze del male. La sua figura serve da modello per gli altri eroi, rappresentando l'ideale dell'eroe che utilizza la sua forza per il bene comune e la protezione dei deboli.

Il culto di Svyatogor riflette la venerazione per le forze della natura e per gli antenati eroici. I canti e le storie a lui dedicati sono tramandati attraverso le generazioni, celebrando le sue gesta e mantenendo viva la memoria delle sue imprese. Le cerimonie e i riti associati a Svyatogor spesso includono invocazioni di forza e protezione, con la speranza di ricevere una frazione della sua potente energia.

In conclusione, Svyatogor è una figura maestosa e venerata del folklore slavo, simbolo di forza, integrità e saggezza. Le sue storie e rappresentazioni riflettono i valori fondamentali della cultura slava, celebrando l'eroismo e la protezione delle terre e del popolo. Come gigante eroico, Svyatogor continua a ispirare e a rappresentare l'ideale dell'eroe che trascende i confini del mondo mortale per diventare una leggenda eterna.

Le Gesta di Ilya Muromets

Ilya Muromets è uno degli eroi più celebri del folklore slavo, noto per le sue imprese leggendarie e le battaglie epiche che ha combattuto. Le sue gesta, narrate nei byliny, sono storie di coraggio, forza sovrumana e devozione alla sua terra e al suo popolo. Ogni racconto su Ilya Muromets è una testimonianza del valore e delle virtù che incarnava, facendolo emergere come un simbolo dell'eroismo slavo.

La Guarigione Miracolosa

La storia di Ilya Muromets inizia con un evento miracoloso. Nato nel villaggio di Karacharovo vicino a Murom, Ilya trascorse i primi trentatré anni della sua vita paralizzato e incapace di muoversi. Tuttavia, un giorno ricevette la visita di tre viandanti santi che, riconoscendo il suo destino eroico, lo guarirono miracolosamente, donandogli una forza sovrumana. Questo episodio iniziale non solo segna l'inizio delle sue avventure, ma anche l'origine del suo legame con il divino e la sua missione di proteggere la Rus' di Kiev.

La Sconfitta di Solovei-Razboynik

Una delle prime grandi imprese di Ilya Muromets fu la sconfitta di Solovei-Razboynik, noto anche come l'Usignolo del Bandito. Questo terribile brigante, dotato di un fischio mortale, terrorizzava i viandanti nella foresta di Bryansk. Deciso a liberare le strade dal terrore, Ilya affrontò Solovei-Razboynik con coraggio e determinazione. Armato della sua possente mazza, riuscì a sconfiggere il brigante, liberando la via per Kiev e guadagnandosi la fama di protettore del popolo. Questo atto eroico dimostra la sua volontà di combattere l'ingiustizia e proteggere i deboli.

La Difesa di Kiev

Un altro episodio celebre nelle gesta di Ilya Muromets è la difesa della città di Kiev dalle invasioni. Durante uno degli attacchi dei Cumani, una tribù nomade che minacciava la sicurezza della Rus' di Kiev, Ilya si distinse per il suo valore in battaglia. Con la sua forza sovrumana e il suo coraggio, respinse gli invasori, proteggendo la città e il suo popolo. Le storie narrano di come Ilya, brandendo la sua mazza, combattesse contro decine di nemici, dimostrando non solo forza fisica ma anche una strategia militare superiore. Questa difesa eroica non solo salvò Kiev ma consolidò la sua posizione come uno dei più grandi eroi della Rus'.

Il Servizio al Principe Vladimir

Oltre alle sue imprese in battaglia, Ilya Muromets è ricordato per il suo servizio fedele al principe Vladimir di Kiev. Come uno dei cavalieri più fidati del principe, Ilya non solo combatteva per proteggere il regno, ma offriva anche saggi consigli e assistenza nei momenti di crisi. La sua lealtà e integrità lo resero una figura centrale nella corte di Vladimir, e la sua presenza era vista come una garanzia di giustizia e protezione. Le storie raccontano di come Ilya fosse spesso inviato in missioni diplomatiche e militari, sempre tornando vittorioso e rafforzando la pace e la stabilità del regno.

Le Battaglie Contro i Mostri e le Forze del Male

Ilya Muromets è anche famoso per le sue battaglie contro mostri e creature malvagie che minacciavano la Rus'. In molte storie, affronta draghi, stregoni e altre entità soprannaturali, dimostrando il suo coraggio e la sua forza contro le forze del male. Questi racconti non solo sottolineano le sue abilità fisiche, ma anche la sua capacità di resistere alle tentazioni e di mantenere la sua purezza d'animo. Le sue vittorie contro queste forze oscure simboleggiano il trionfo della luce sull'oscurità e del bene sul male.

L'Eredità Spirituale

Ilya Muromets non è solo un eroe fisico, ma anche una figura di grande spiritualità e saggezza. Molte leggende lo descrivono come un uomo di profonda fede, capace di consigliare e guidare il suo popolo non solo con la forza, ma anche con la saggezza e la pietà. La sua canonizzazione come santo dalla Chiesa Ortodossa riflette questa dimensione spirituale del suo personaggio, e il monastero delle Grotte di Kiev, dove si dice che riposi, è diventato un luogo di pellegrinaggio per i devoti.

Le gesta di Ilya Muromets rappresentano l'apice dell'eroismo slavo. Attraverso le sue imprese leggendarie e le sue battaglie epiche, Ilya incarna i valori di coraggio, lealtà, forza e giustizia. Le sue storie, tramandate attraverso i secoli, continuano a ispirare e a essere celebrate, mantenendo viva la memoria di uno degli eroi più grandi e venerati del folklore slavo.

Le Avventure di Vasilisa

Vasilisa, conosciuta come Vasilisa la Bella, è una delle figure più amate del folklore slavo, protagonista di numerose avventure che mettono in luce la sua astuzia, il suo coraggio e la sua bellezza straordinaria. Le sue storie, tramandate di generazione in generazione, illustrano la capacità di superare le avversità e di trovare la felicità attraverso l'intelligenza e la bontà.

L'Inizio della Storia

La storia di Vasilisa inizia con un'infanzia difficile. Dopo la morte della madre, Vasilisa vive con il padre, che si risposa con una donna crudele. La nuova matrigna e le sue due figlie, gelose della bellezza e della bontà di Vasilisa, la trattano come una serva, costringendola a svolgere i lavori domestici più pesanti. Prima di morire, la madre di Vasilisa le aveva lasciato una bambola magica, che poteva prendere vita e darle consigli e aiuti. Questa bambola diventò la sua alleata più fidata, aiutandola a superare le sfide quotidiane.

La Missione per Baba Yaga

Uno degli episodi più celebri delle avventure di Vasilisa riguarda la sua missione per recuperare il fuoco dalla temibile strega Baba Yaga, che viveva nella foresta. La matrigna, desiderosa di sbarazzarsi di Vasilisa, la manda da Baba Yaga con la speranza che la strega la distrugga. Armata solo della sua bambola magica, Vasilisa si avventura nella foresta oscura.

Baba Yaga, conosciuta per la sua astuzia e crudeltà, le impone una serie di compiti impossibili, sperando di sbarazzarsi della ragazza. Tuttavia, grazie ai consigli della sua bambola e alla sua intelligenza, Vasilisa riesce a completare tutte le prove. Impressionata dalla determinazione e dalla bravura di Vasilisa, Baba Yaga le concede il fuoco, donandole un teschio incandescente che avrebbe portato il fuoco alla sua casa. Quando Vasilisa ritorna, il teschio magico brucia la matrigna e le sorellastre, liberandola dalla loro tirannia.

La Vita a Corte

Dopo la morte della matrigna e delle sorellastre, Vasilisa si trasferisce in città e va a vivere con una vecchia donna. Grazie alle sue abilità di tessitura e cucito, diventa famosa per la sua maestria. Un giorno, il re vede uno dei suoi capi d'abbigliamento e desidera incontrare la talentuosa tessitrice. Quando vede Vasilisa, si innamora della sua bellezza e intelligenza e la sposa, facendola regina. Questo lieto fine sottolinea come la virtù, la bellezza interiore e l'intelligenza siano premiate.

Simbolismo delle Avventure

Le avventure di Vasilisa sono ricche di simbolismo e insegnamenti morali. La bambola magica simboleggia l'eredità materna e la guida spirituale, rappresentando il sostegno e la saggezza che aiutano Vasilisa a superare le difficoltà. La sua capacità di affrontare e superare le prove di Baba Yaga riflette l'importanza della determinazione e dell'astuzia nella vita.

Vasilisa è spesso associata a simboli di purezza e rinascita. La sua bellezza è un riflesso della sua virtù interiore, mentre la sua abilità di tessere e cucire rappresenta la capacità di costruire e creare, sia materialmente che spiritualmente. Le sue avventure mostrano che la vera forza non risiede solo nella forza fisica, ma anche nell'intelligenza, nella pazienza e nel coraggio morale.

La figura di Vasilisa la Bella continua a ispirare e a essere amata nel folklore slavo. Le sue storie sono state adattate in numerosi libri, film e opere teatrali, mantenendo viva la sua leggenda. Vasilisa è un modello di come l'astuzia, la bontà e la determinazione possano superare le avversità e portare a un destino felice.

Per concludere, Vasilisa la Bella rappresenta l'eroina astuta per eccellenza nel folklore slavo. Le sue storie illustrano il potere della resilienza, dell'intelligenza e della bellezza interiore. Come simbolo di forza femminile e virtù, Vasilisa continua a essere un'icona di ispirazione e un esempio di come affrontare le sfide della vita con grazia e ingegno.

Le Battaglie di Svyatogor

Svyatogor, il gigante eroico del folklore slavo, è noto per le sue battaglie epiche che simboleggiano la lotta tra il bene e il male, l'ordine e il caos. Le sue storie, tramandate nei byliny, lo dipingono come un protettore della terra slava, combattendo contro nemici soprannaturali e forze oscure con una forza e un coraggio incomparabili.

Una delle sue battaglie più celebri è quella contro i demoni della foresta, esseri malvagi che minacciavano le terre e le genti slave. Armato della sua spada gigantesca e dotato di una forza sovrumana, Svyatogor affrontò queste creature, proteggendo i villaggi e ristabilendo la pace nella regione.

Un altro episodio leggendario racconta dello scontro di Svyatogor con un drago possente, una creatura mitica che devastava le campagne con il suo fuoco. La lotta tra il gigante e il drago durò giorni, ma alla fine, grazie alla sua determinazione e alla sua forza ineguagliabile, Svyatogor riuscì a sconfiggere il drago, diventando un simbolo di speranza e protezione per il popolo.

Le battaglie di Svyatogor non erano solo fisiche, ma anche morali, affrontando tentazioni e prove che mettevano alla prova il suo spirito e la sua integrità. Queste storie esaltano la sua figura come un guerriero sacro, un guardiano delle terre slave che, attraverso la sua forza e il suo sacrificio, garantiva la sicurezza e la prosperità del suo popolo.

Analisi del Significato degli Eroi nel Folklore

Gli eroi del folklore slavo, come Ilya Muromets, Vasilisa la Bella e Svyatogor, incarnano valori e ideali fondamentali quali il coraggio, la giustizia, la saggezza e la resilienza. Questi personaggi simbolizzano la lotta contro le forze del male e l'oppressione, evidenziando l'importanza della forza morale e fisica, dell'intelligenza e della virtù. La loro influenza sulla cultura popolare è profonda, ispirando generazioni attraverso racconti, canzoni, opere teatrali e film, e mantenendo viva l'eredità culturale slava.

In termini di confronto con eroi di altre mitologie, Ilya Muromets può essere paragonato a Ercole per la sua forza sovrumana e a Thor per il suo ruolo di difensore del popolo. Vasilisa, con la sua astuzia e bellezza, ricorda figure come Atena e Afrodite, mentre Svyatogor, con la sua forza gigantesca e le sue battaglie contro forze oscure, è simile a giganti e titani delle mitologie norrena e greca. Questi confronti non solo arricchiscono la comprensione dei personaggi slavi, ma anche mettono in luce i temi universali e i valori condivisi tra diverse culture, rafforzando l'importanza degli eroi come simboli di speranza e guida morale.

Capitolo 5: Mostri e Creature Leggendarie

Descrizione di Draghi, Vipere e Altre Creature

Caratteristiche dei Draghi nella Mitologia Slava

Nella mitologia slava, i draghi, noti come Zmey (o Gorynych), sono creature complesse e affascinanti, spesso rappresentate come esseri malvagi che devono essere sconfitti dagli eroi. Questi draghi sono solitamente descritti con più teste, capaci di sputare fuoco e di volare. Le loro molteplici teste, che possono rigenerarsi se tagliate, simboleggiano la loro natura indomabile e la difficoltà di sconfiggerli.

I draghi nella mitologia slava sono spesso associati a elementi naturali potenti come il fuoco, l'acqua e le tempeste. Possono abitare montagne remote, caverne profonde o foreste oscure, territori che simboleggiano il loro legame con il caos e la natura selvaggia. La loro presenza è generalmente vista come una minaccia per l'umanità, rappresentando forze di distruzione e male che devono essere domate per ristabilire l'ordine.

Un elemento distintivo dei draghi slavi è il loro ruolo nei racconti eroici. Eroi leggendari come Dobrynya Nikitich e Ilya Muromets affrontano e sconfiggono draghi in battaglie epiche che simboleggiano la lotta tra il bene e il male. Questi scontri non solo dimostrano il coraggio e la forza degli eroi, ma servono anche come metafore per le sfide che l'umanità deve affrontare e superare.

Oltre alla loro natura distruttiva, alcuni racconti descrivono i draghi come custodi di tesori nascosti. Questo aspetto riflette la complessità morale di queste creature, che possono rappresentare sia pericoli che opportunità. La ricerca del tesoro custodito dal drago è spesso una prova di valore per l'eroe, che deve dimostrare non solo forza fisica ma anche intelligenza e virtù morale.

In alcuni miti, i draghi possono anche assumere forme umane o interagire con gli esseri umani in modi ambigui. Queste storie esplorano temi di metamorfosi e inganno, suggerendo che il male può assumere molte forme e che la vera natura di una creatura può essere nascosta sotto apparenze ingannevoli.

I draghi nella mitologia slava sono simboli potenti di caos e distruzione, ma anche di sfide e trasformazioni. Le loro molteplici teste, la capacità di sputare fuoco e il legame con elementi naturali selvaggi li rendono avversari formidabili per gli eroi, le cui vittorie contro di loro celebrano il trionfo dell'ordine e del bene. Attraverso queste storie, i draghi continuano a occupare un posto centrale nell'immaginario mitologico slavo, rappresentando tanto le paure quanto le aspirazioni dell'umanità.

Vipere e Serpenti: Simboli e Storie

Nella mitologia slava, vipere e serpenti sono creature cariche di simbolismo, spesso rappresentando tanto il male quanto la saggezza e la rigenerazione. Questi animali, che abitano sia il mondo terreno che quello sotterraneo, occupano un posto importante nel folklore e nelle leggende slave, riflettendo la complessità della loro natura.

Simbolismo delle Vipere e dei Serpenti

Le vipere e i serpenti sono frequentemente associati a Veles, il dio della terra, dell'acqua e del mondo sotterraneo. Veles, che può assumere la forma di un serpente, è il guardiano delle ricchezze sotterranee e delle forze della natura. In questo contesto, i serpenti simboleggiano la fertilità, la rinascita e la connessione con il regno sotterraneo e il mondo degli spiriti. Il serpente, che periodicamente cambia pelle, è visto come un emblema di trasformazione e rigenerazione, rappresentando la ciclicità della vita e della morte.

D'altra parte, le vipere e i serpenti sono anche visti come creature ingannevoli e pericolose, simboli del male e delle forze caotiche. Questo doppio simbolismo riflette la natura ambivalente di questi animali, che possono essere sia protettori che distruttori, saggi consiglieri o ingannatori letali.

Storie e Leggende

Le storie di vipere e serpenti nella mitologia slava sono numerose e variegate. In alcune leggende, i serpenti sono descritti come guardiani di tesori nascosti, proteggendo ricchezze sepolte nelle profondità delle foreste o nelle caverne. Gli eroi che cercano di appropriarsi di questi tesori devono spesso affrontare serpenti giganti, simboli delle prove e delle difficoltà che devono essere superate per ottenere la ricompensa.

Una delle leggende più famose riguarda Gorynych, il drago serpente a tre teste, una creatura che terrorizza villaggi e città con il suo potere distruttivo. Gorynych rappresenta la personificazione del caos e della distruzione, e solo gli eroi più valorosi, come Dobrynya Nikitich, possono sconfiggerlo. Questo scontro tra l'eroe e il drago serpente è un tema ricorrente che celebra il trionfo del bene sul male e dell'ordine sul caos.

Un'altra figura importante è quella della regina dei serpenti, una donna che possiede il potere di controllare i serpenti e le vipere. Nelle leggende, questa regina può essere una benefattrice che aiuta gli eroi fornendo loro saggezza e protezione, o una strega malvagia che usa i suoi poteri per ingannare e distruggere. La dualità della regina dei serpenti riflette ancora una volta la natura ambivalente dei serpenti nella mitologia slava.

In alcune storie, le vipere sono viste come creature malvagie che devono essere sconfitte per ristabilire l'ordine e la sicurezza. Gli eroi spesso si trovano a combattere contro vipere velenose che infestano i campi e le foreste, rappresentando le forze del male che devono essere purificate dal mondo umano. Queste battaglie simbolizzano la lotta eterna tra il bene e il male, e la necessità di proteggere la comunità dalle influenze negative.

Riti e Credenze

Nella cultura popolare slava, i serpenti e le vipere sono anche oggetto di riti e credenze. Si credeva che alcune parti dei serpenti, come la pelle o i denti, avessero poteri magici e curativi. Gli amuleti fatti con parti di serpente erano utilizzati per proteggere dalle malattie e dai malefici, riflettendo la credenza nella loro potenza magica. Alcuni riti coinvolgevano l'uso simbolico di serpenti per invocare la fertilità dei campi e la prosperità della comunità, mostrando un rispetto ambivalente per queste creature.

In conclusione, vipere e serpenti nella mitologia slava sono simboli complessi che rappresentano tanto la saggezza e la rigenerazione quanto il male e la distruzione. Le loro storie e leggende riflettono la dualità della loro natura e l'importanza delle forze naturali e soprannaturali nella cultura slava. Attraverso queste narrazioni, le vipere e i serpenti continuano a occupare un ruolo significativo nell'immaginario mitologico slavo, rappresentando le sfide e le trasformazioni che caratterizzano l'esperienza umana.

Altre Creature Leggendarie: Rusalki e Domovoi

Nella mitologia slava, oltre a draghi e serpenti, esistono molte altre creature leggendarie che popolano il folklore e le credenze popolari. Tra queste, le rusalki e i domovoi sono tra le figure più affascinanti e ricche di significato, rappresentando rispettivamente gli spiriti delle acque e i guardiani delle case.

Rusalki

Le rusalki sono spiriti femminili dell'acqua, spesso descritti come giovani donne di straordinaria bellezza, con lunghi capelli fluenti e occhi penetranti. Vivono nei fiumi, nei laghi e negli stagni, e sono strettamente legate al ciclo della natura, simboleggiando la fertilità, la bellezza e la morte. La loro immagine è ambivalente: da un lato, possono essere benevole, aiutando i pescatori e i contadini, garantendo la fertilità delle terre circostanti con la loro presenza. Dall'altro lato, le rusalki possono essere pericolose e vendicative, attirando gli uomini nelle profondità delle acque per affogarli, specialmente coloro che hanno infranto i loro voti o disonorato le donne.

La leggenda vuole che le rusalki siano le anime di giovani donne morte prematuramente, spesso per cause tragiche come annegamenti o suicidi, e che ritornino come spiriti per vendicarsi o cercare pace. Durante la settimana di Rusalka, un periodo festivo che si celebra in primavera, le rusalki emergono dalle acque e danzano nei campi e nei boschi, e si crede che in questo periodo siano particolarmente attive e potenti. I contadini evitano le acque durante questa settimana per paura di essere trascinati via, e lasciano offerte di pane e latte sulle rive per placare gli spiriti.

Domovoi

I domovoi sono spiriti domestici che proteggono la casa e la famiglia. Queste creature sono generalmente descritte come piccoli uomini anziani con barba, talvolta coperti di pelliccia, che vivono nei focolari, sotto le soglie o negli angoli nascosti delle abitazioni. I domovoi sono guardiani benevoli, responsabili del benessere della famiglia e della casa. Sono noti per essere molto attaccati alla famiglia che proteggono, e il loro favore è considerato essenziale per la prosperità domestica.

I domovoi possono manifestarsi in vari modi, spesso attraverso rumori notturni, spostamenti di oggetti o piccoli segni di attività domestica. Si crede che avvisino i membri della famiglia di pericoli imminenti o eventi significativi attraverso sogni o apparizioni fugaci. Per mantenere il favore del domovoi, i membri della famiglia lasciano piccoli doni di cibo, come pane e latte, vicino al focolare, e si prendono cura della casa per evitare di offendere lo spirito. Se il domovoi è disprezzato o trascurato, può diventare dispettoso, causando piccoli inconvenienti o disastri domestici.

Il domovoi è anche visto come un legame con gli antenati, simboleggiando la continuità e la protezione familiare attraverso le generazioni. In alcune tradizioni, si crede che i domovoi siano gli spiriti degli antenati che ritornano per vegliare sulla loro discendenza, e quindi vengono trattati con grande rispetto e venerazione.

Simbolismo e Influenza Culturale

Le rusalki e i domovoi riflettono aspetti profondi della cultura slava, con le rusalki che incarnano la natura selvaggia e imprevedibile, e i domovoi che rappresentano la stabilità e la sicurezza domestica. Queste creature sono protagoniste di molte leggende, fiabe e canzoni popolari, e continuano a influenzare la cultura e l'arte slava contemporanea. Le storie delle rusalki e dei domovoi non solo intrattengono ma anche insegnano lezioni morali, sottolineando l'importanza del rispetto per la natura e della cura della famiglia.

Le rusalki e i domovoi sono creature leggendarie ricche di significato nella mitologia slava. Le loro storie e leggende offrono uno sguardo affascinante sulle credenze e i valori degli antichi slavi, mantenendo viva una tradizione che celebra la connessione tra l'umanità, la natura e il mondo spirituale. Attraverso queste narrazioni, si preservano e si tramandano le ricche sfumature del folklore slavo, riflettendo la complessità e la bellezza della loro eredità culturale.

Il Ruolo delle Creature Mitologiche nella Cultura Popolare

Le creature mitologiche nella cultura popolare slava svolgono ruoli multifunzionali, intrecciando elementi di insegnamento morale, intrattenimento e spiegazione del mondo naturale. Nei racconti popolari, queste creature, come i draghi, le rusalki, i domovoi e le vipere, incarnano le forze della natura e le sfide esistenziali che gli esseri umani devono affrontare. Le loro storie servono non solo a intrattenere, ma anche a trasmettere valori culturali, come il coraggio, la saggezza e il rispetto per la natura.

Le influenze di queste creature sulla vita quotidiana si manifestano attraverso rituali, superstizioni e comportamenti sociali: ad esempio, i contadini evitano certe aree considerate dimore di spiriti o lasciano offerte per placare i domovoi, dimostrando come le credenze mitologiche permeino le pratiche domestiche e agricole. Nel tempo, le credenze sulle creature mitologiche sono evolute, adattandosi ai cambiamenti culturali e religiosi. Con l'introduzione del cristianesimo, molte di queste figure sono state reinterpretate o integrate nel nuovo contesto religioso, ma continuano a vivere nelle tradizioni orali, nelle celebrazioni locali e nell'arte popolare, mantenendo viva una connessione con le radici ancestrali e riflettendo l'adattabilità e la resilienza della cultura slava.

Confronto con Creature di Altre Mitologie

Le creature mitologiche slave, come i draghi e le rusalki, condividono molte somiglianze con le figure leggendarie di altre culture, ma presentano anche differenze uniche nelle loro rappresentazioni e significati. I draghi slavi, noti come Zmey o Gorynych, mostrano similitudini con i draghi di altre culture europee e asiatiche, come i draghi cinesi e i draghi europei medievali. Tutti questi draghi sono spesso associati a forze naturali potenti e distruttive, come il fuoco e le tempeste, e sono tipicamente raffigurati come creature che gli eroi devono sconfiggere per ristabilire l'ordine. Tuttavia, mentre i draghi europei sono spesso visti come guardiani di tesori e simboli di malvagità pura, i draghi cinesi sono più ambivalenti, simboleggiando sia fortuna che potere sovrannaturale.

Le rusalki, spiriti dell'acqua della mitologia slava, trovano paralleli nelle ninfe greche e nelle sirene nordiche. Tutte queste creature sono legate a corpi d'acqua e sono spesso rappresentate come bellissime e pericolose. Tuttavia, mentre le ninfe greche sono generalmente benevole e protettrici delle risorse naturali, le rusalki sono più ambivalenti, essendo sia protettrici che vendicative, riflettendo una visione più complessa della natura.

D'altro canto, i domovoi, spiriti domestici slavi, possono essere paragonati ai brownie scozzesi o ai kobold tedeschi. Tutti questi spiriti sono guardiani della casa, ma mentre i domovoi sono visti come parte integrante della famiglia, con una forte componente di legame ancestrale, i loro omologhi europei sono spesso raffigurati come più distaccati e meno legati alla protezione familiare.

Le differenze nelle rappresentazioni e nei significati di queste creature riflettono le varie percezioni culturali della natura e della spiritualità. Ad esempio, i draghi slavi, con la loro capacità di rigenerarsi, simboleggiano la resilienza e l'indomabilità del caos naturale, mentre i draghi europei spesso rappresentano un male che deve essere completamente eradicato. Le rusalki, con la loro dualità di benevolenza e pericolo, rappresentano la complessità della natura, in contrasto con le ninfe greche, che sono quasi esclusivamente benevole. Infine, i domovoi evidenziano un legame familiare e domestico più forte rispetto agli spiriti simili di altre culture, sottolineando l'importanza della famiglia e della casa nella cultura slava.

In sintesi, mentre le creature mitologiche slave mostrano molte somiglianze con quelle di altre culture, le loro rappresentazioni e significati unici offrono una visione distintiva delle credenze e dei valori slavi, arricchendo il panorama delle mitologie mondiali con le loro sfumature particolari.

Capitolo 6: Demoni e Spiriti nella Tradizione Slava

Storie di Demoni come la Caccia Selvaggia e Altri Spiriti

La Caccia Selvaggia: Miti e Interpretazioni

La Caccia Selvaggia è uno dei miti più affascinanti e inquietanti della tradizione slava, rappresentando un corteo spettrale di cacciatori fantasmi che attraversa i cieli notturni. Questo mito, comune a molte culture europee, assume nella tradizione slava caratteristiche particolari che riflettono le credenze e le paure del popolo.

Secondo la leggenda, la Caccia Selvaggia è guidata da un leader demoniaco o spettrale, che varia a seconda delle regioni. In alcuni racconti, è condotta da un antico re o guerriero, mentre in altri, è comandata da un dio o uno spirito della natura. Il corteo è composto da spiriti di guerrieri, cani infernali e altre entità spettrali, tutti avvolti in un'atmosfera di caos e terrore. Durante la loro corsa notturna, essi attraversano foreste e cieli, emettendo urla e rumori spaventosi. Chiunque incroci il loro cammino può essere rapito o condannato a una sorte terribile.

Nella mitologia slava, la Caccia Selvaggia è spesso vista come un presagio di guerra, pestilenza o altre calamità. I contadini raccontavano di aver sentito il fragore della caccia durante le notti tempestose e consideravano questi suoni come segnali di sventura imminente. Per proteggersi, era comune praticare riti apotropaici, come accendere fuochi, recitare preghiere o eseguire particolari gesti rituali per tenere lontani i cacciatori spettrali.

Le interpretazioni del mito della Caccia Selvaggia variano. Alcuni studiosi vedono in questo mito un'eco di antichi riti di caccia e guerre tribali, trasfigurati nel tempo in un racconto soprannaturale. Altri lo interpretano come una rappresentazione del conflitto eterno tra le forze della natura e dell'umanità, o come una metafora della lotta tra l'ordine e il caos. La figura del leader spettrale è particolarmente interessante: in alcuni racconti è un essere malvagio che guida i cacciatori per seminare distruzione, mentre in altri è un guardiano della natura che punisce coloro che non rispettano le leggi naturali.

La Caccia Selvaggia è anche un tema ricorrente nell'arte e nella letteratura slava. Dipinti, poemi epici e canzoni popolari descrivono vividamente il terrore e la maestosità di questo corteo spettrale, contribuendo a mantenere vivo il mito attraverso i secoli. La sua rappresentazione è spesso caratterizzata da un'immagine di movimento e dinamismo, con cavalieri e cani raffigurati in un furioso galoppo attraverso cieli tempestosi.

In sintesi, la Caccia Selvaggia è un mito complesso e multistrato nella tradizione slava, che riflette le paure, le credenze e le interpretazioni del mondo soprannaturale da parte del popolo. Attraverso le storie di questo corteo spettrale, si possono intravedere le profonde connessioni tra gli esseri umani e le forze naturali, nonché i temi universali del conflitto e della protezione. Le leggende della Caccia Selvaggia continuano a evocare fascino e terrore, mantenendo viva una parte essenziale del patrimonio mitologico slavo.

Descrizione di altri Spiriti Maligni

La tradizione slava è ricca di racconti su spiriti maligni, ciascuno con caratteristiche uniche e un ruolo specifico nel folklore. Questi spiriti riflettono le paure e le preoccupazioni delle comunità slave e sono spesso utilizzati per spiegare eventi inspiegabili o per insegnare lezioni morali.

Baba Yaga

Uno degli spiriti maligni più famosi della mitologia slava è Baba Yaga. È descritta come una vecchia strega che vive in una capanna che si muove su zampe di gallina. Baba Yaga vola su un mortaio e usa un pestello come timone. È nota per il suo ruolo ambiguo: può essere sia una figura malvagia che una guida per gli eroi che riescono a superare le sue prove. Baba Yaga rappresenta le forze caotiche della natura e la saggezza ancestrale, ma anche il pericolo e la crudeltà.

Leshy

Il Leshy è uno spirito della foresta, spesso descritto come un uomo grande e robusto, capace di cambiare dimensioni e forma a piacimento. È conosciuto per ingannare i viaggiatori, facendoli perdere nei boschi. Sebbene non sempre malvagio, il Leshy può essere pericoloso per coloro che non rispettano la natura. Protegge gli animali e le piante del bosco e punisce chi osa danneggiarli. I contadini e i pastori cercavano di propiziarsi il Leshy con offerte di pane e sale per evitare la sua ira.

Vodyanoy

Il Vodyanoy è uno spirito dell'acqua maschile, che vive nei fiumi, nei laghi e negli stagni. È spesso descritto come un uomo anziano con la pelle verde e alghe al posto dei capelli. Il Vodyanoy è noto per attirare i nuotatori e i pescatori nelle profondità delle acque per affogarli. Può causare inondazioni e danneggiare i mulini. Tuttavia, se trattato con rispetto e adeguati rituali di propiziazione, il Vodyanoy può proteggere i pesci e garantire una pesca abbondante.

Kikimora

La Kikimora è uno spirito domestico femminile malvagio, spesso associato con la casa. Si dice che viva dietro i forni o nelle cantine, e si manifesta con suoni inquietanti e attività domestiche disturbanti durante la notte. La Kikimora è spesso vista come un presagio di disgrazie e malattie. Può diventare particolarmente vendicativa se la casa è disordinata o trascurata. Per tenere lontana la Kikimora, le famiglie devono mantenere la casa pulita e ordinata e talvolta appendere amuleti protettivi.

Rusalka

La Rusalka, sebbene già menzionata, può anche avere aspetti malvagi. Le rusalki, oltre a essere spiriti delle acque, possono attirare gli uomini con la loro bellezza per poi affogarli. Si crede che le rusalki siano anime di giovani donne morte in modo violento o prematuro, spesso suicidi per amore, e che tornino come spiriti inquieti per vendicarsi degli uomini. La loro duplicità le rende creature affascinanti e pericolose allo stesso tempo.

In sintesi, gli spiriti maligni della tradizione slava, come Baba Yaga, Leshy, Vodyanoy, Kikimora e Rusalka, rappresentano le forze oscure e caotiche della natura e della psiche umana. Attraverso le loro storie, i popoli slavi hanno espresso le loro paure, le loro speranze e i loro valori, creando un ricco tessuto di miti e leggende che continua a influenzare la cultura popolare e l'immaginario collettivo. Questi spiriti non solo spiegano l'inspiegabile, ma anche insegnano lezioni di rispetto per la natura e per il mondo spirituale.

Storie e Racconti Popolari

Le storie e i racconti popolari degli spiriti maligni e delle creature mitologiche nella tradizione slava sono una parte fondamentale del patrimonio culturale della regione. Queste narrazioni sono tramandate di generazione in generazione, spesso raccontate attorno ai fuochi nelle lunghe notti invernali, e servono a mantenere vive le credenze e le tradizioni degli antenati. I racconti su Baba Yaga, Leshy, Vodyanoy, Kikimora e Rusalka non sono solo storie di terrore, ma anche di avventura e di sfide, in cui gli eroi e le eroine devono affrontare e superare prove difficili per ristabilire l'ordine e la giustizia.

Questi racconti popolari sono intrisi di simbolismo e insegnamenti morali, che riflettono i valori della comunità slava, come il coraggio, la saggezza, il rispetto per la natura e l'importanza della famiglia e della casa. Attraverso queste storie, i narratori trasmettono lezioni di vita e incoraggiano l'ascoltatore a riflettere sul bene e il male, sulla giustizia e sull'ingiustizia. La ricchezza di questi racconti non solo intrattiene, ma educa e unisce la comunità, rafforzando l'identità culturale e spirituale del popolo slavo. In un mondo in continuo cambiamento, queste storie mantengono viva una connessione con il passato, offrendo al contempo speranza e guida per il futuro.

Protezioni e Rituali Contro gli Spiriti Maligni

Amuleti e Talismani Protettivi

Nella tradizione slava, proteggersi dagli spiriti maligni è sempre stato di fondamentale importanza. Uno dei metodi più comuni per ottenere questa protezione è l'uso di amuleti e talismani. Questi oggetti, spesso portati come gioielli o posizionati nelle case, sono realizzati con materiali considerati sacri o dotati di poteri protettivi. Amuleti fatti di ferro, come piccoli pezzi di ferro di cavallo, erano particolarmente popolari, poiché si credeva che il ferro respingesse le forze maligne. Altri amuleti includevano denti di animali, erbe essiccate come l'assenzio e il timo, e simboli religiosi cristiani come croci benedette.

Rituali di Purificazione e Difesa

I rituali di purificazione sono pratiche essenziali per allontanare gli spiriti maligni e proteggere la casa e i suoi abitanti. Questi rituali spesso coinvolgono l'uso di acqua benedetta, incenso e fuoco. Un comune rituale di purificazione consisteva nell'aspersione della casa con acqua benedetta da un sacerdote, accompagnata dalla recitazione di preghiere specifiche per chiedere la protezione divina. Inoltre, il fumo di erbe sacre, come l'iperico e la salvia, veniva bruciato in ogni stanza per purificare l'ambiente e scacciare le entità negative. La pratica di accendere candele benedette in determinati giorni dell'anno, come durante le festività religiose, era un altro metodo per mantenere la protezione spirituale.

Incantesimi e Preghiere contro i Demoni

Gli incantesimi e le preghiere sono strumenti potenti nella lotta contro gli spiriti maligni nella tradizione slava. Questi incantesimi, spesso tramandati oralmente attraverso le generazioni, sono formule magiche che invocano la protezione delle forze benevole e respingono le entità maligne. Gli incantesimi potevano essere recitati da stregoni, sciamani o anche dai membri della famiglia in momenti di bisogno. Le preghiere, d'altra parte, sono suppliche rivolte a Dio, alla Vergine Maria o ai santi per ottenere protezione e guarigione. Preghiere specifiche, come il "Padre Nostro" e il "Credo", erano recitate durante i rituali di purificazione e difesa, spesso accompagnate da segni della croce fatti in punti chiave della casa.

Inoltre, si credeva che alcuni incantesimi avessero il potere di legare o imprigionare gli spiriti maligni. Questi incantesimi erano spesso complessi e richiedevano l'uso di oggetti sacri, parole di potere e gesti rituali precisi. Un esempio è l'incantesimo di legamento, che prevedeva l'uso di corde o nastri per simbolicamente legare le mani e i piedi dello spirito maligno, impedendogli di causare danni.

La tradizione slava offre una ricca varietà di metodi di protezione contro gli spiriti maligni, combinando elementi di magia popolare, rituali religiosi e pratiche di purificazione. Questi metodi non solo riflettono le credenze e i valori del popolo slavo, ma forniscono anche un senso di sicurezza e controllo in un mondo percepito come pieno di forze soprannaturali e imprevedibili. Attraverso l'uso di amuleti, rituali e preghiere, gli slavi cercano di mantenere l'equilibrio tra il mondo umano e quello spirituale, proteggendo se stessi e le loro comunità dalle influenze negative.

Il Significato dei Demoni e degli Spiriti nella Tradizione Slava

Simbolismo dei Demoni nella Mitologia

Nella mitologia slava, i demoni e gli spiriti maligni sono simboli potenti che rappresentano le forze caotiche e distruttive della natura e dell'umanità. Queste entità incarnano paure profonde e archetipiche, come la paura dell'ignoto, della morte e della disgregazione sociale. Personaggi come Baba Yaga e Vodyanoy sono più che semplici antagonisti: essi riflettono le tensioni tra ordine e caos, civiltà e natura selvaggia. Il simbolismo dei demoni spesso si intreccia con elementi naturali – la foresta oscura, le acque profonde – che evocano un senso di mistero e pericolo. Questi demoni non solo rappresentano il male esterno, ma anche le tentazioni e i conflitti interni, servendo da avvertimento e guida morale per coloro che ascoltano le storie.

Ruolo dei Demoni nella Cultura e Religione

I demoni nella cultura e nella religione slava svolgono un ruolo fondamentale nella struttura sociale e spirituale. Le storie di spiriti maligni come il Leshy e la Kikimora servono come strumenti educativi, insegnando ai membri della comunità l'importanza del rispetto per la natura e delle norme sociali. Le narrazioni sui demoni fungono da ammonimenti contro comportamenti immorali e da promemoria della presenza costante di forze soprannaturali nel mondo. Nella religione, la lotta contro i demoni e gli spiriti maligni è vista come parte di un conflitto cosmico più ampio tra il bene e il male, ordine e caos. I rituali di esorcismo, purificazione e protezione non solo proteggono dagli spiriti maligni, ma rafforzano anche la coesione comunitaria e la fede religiosa, sottolineando l'importanza della purezza spirituale e della protezione divina.

Confronto con Demoni di altre Tradizioni

I demoni e gli spiriti maligni della tradizione slava mostrano molte somiglianze con quelli di altre culture, ma anche differenze significative. Ad esempio, Baba Yaga può essere confrontata con la strega Hag nella mitologia celtica o con la Baba Jaga nella mitologia russa, tutte figure che rappresentano la saggezza e la crudeltà ancestrale. Il Leshy ha paralleli con il Pan della mitologia greca, entrambi essendo spiriti della foresta con un carattere ambivalente. Tuttavia, mentre Pan è spesso più giocoso e benigno, il Leshy può essere più minaccioso e vendicativo. Il Vodyanoy, uno spirito dell'acqua, trova somiglianze con il Kelpie scozzese e il Nokken scandinavo, spiriti che abitano le acque e possono essere pericolosi per gli esseri umani. Le differenze nelle rappresentazioni e nei ruoli di questi demoni riflettono le diverse percezioni culturali della natura e del soprannaturale. Nella tradizione slava, c'è spesso un'accentuazione maggiore sulla natura duplice di questi spiriti, che possono essere sia protettori che distruttori, a seconda del rispetto e del comportamento degli esseri umani verso la natura e il mondo spirituale.

In sintesi, i demoni e gli spiriti maligni nella mitologia slava non solo rappresentano forze oscure e pericolose, ma incarnano anche lezioni morali e spirituali. Il loro simbolismo complesso e il loro ruolo nella cultura e nella religione riflettono le profonde connessioni tra l'umanità e il mondo soprannaturale, offrendo spunti di riflessione sulle dinamiche tra ordine e caos, bene e male. Comparando questi demoni con quelli di altre tradizioni, si evidenziano sia le somiglianze universali nelle paure umane sia le peculiarità culturali che arricchiscono il panorama delle mitologie mondiali.

Capitolo 7: Leggende Popolari e Racconti del Folklore Slavo

Raccolta di Fiabe e Leggende Tradizionali

Fiabe di Animali e Natura

Le fiabe di animali e natura occupano un posto speciale nella tradizione folklorica slava, offrendo non solo intrattenimento, ma anche importanti lezioni morali e riflessioni sulla vita e l'ambiente. Queste storie utilizzano animali antropomorfi ed elementi naturali per esplorare le dinamiche sociali, i comportamenti umani e le relazioni con la natura.

Una delle fiabe più conosciute è quella della volpe astuta e del lupo ingenuo. In queste storie, la volpe rappresenta l'astuzia e l'ingegno, spesso ingannando il lupo, che simboleggia la forza bruta ma anche la semplicità e la fiducia. Questi racconti evidenziano come l'intelligenza e la furbizia possano prevalere sulla forza fisica, insegnando l'importanza dell'astuzia e della prudenza.

Un'altra serie di fiabe popolari riguarda l'orso potente, spesso raffigurato come il re della foresta. L'orso è rispettato e temuto dagli altri animali, e le storie che lo coinvolgono mettono in risalto la sua forza e il suo ruolo di giudice e protettore della natura. Queste fiabe possono includere racconti di giustizia, dove l'orso risolve dispute tra gli animali o punisce coloro che non rispettano le leggi della foresta.

Le fiabe che coinvolgono il gallo coraggioso sono altrettanto popolari. Il gallo, sebbene piccolo, è spesso descritto come un animale coraggioso e determinato, capace di affrontare pericoli e difendere il suo pollaio con grande fervore. Queste storie trasmettono messaggi di coraggio e resilienza, mostrando che anche i più piccoli possono avere un grande impatto.

Le storie di animali parlanti spesso riflettono le interazioni umane e le gerarchie sociali, utilizzando il comportamento animale per commentare le virtù e i vizi delle persone. Ad esempio, la cicogna, simbolo di saggezza e pazienza, può essere messa in contrasto con il corvo, rappresentante di furbizia e opportunismo. Attraverso le interazioni tra questi animali, le fiabe esplorano temi come la fiducia, l'inganno, la lealtà e la giustizia.

Oltre agli animali, le fiabe della natura includono racconti che coinvolgono elementi naturali come gli alberi parlanti, le montagne magiche e i fiumi viventi. Questi elementi naturali sono spesso personificati e giocano ruoli cruciali nelle storie, aiutando o ostacolando i protagonisti. Le leggende sugli alberi sacri, ad esempio, raccontano di come gli spiriti degli alberi proteggano le foreste e puniscano coloro che danneggiano l'ambiente. Queste storie trasmettono un profondo rispetto per la natura e incoraggiano la protezione e la cura dell'ambiente naturale.

Infine, le fiabe di creature magiche come gli uomini delle nevi e gli spiriti delle foreste combinano elementi di meraviglia e avventura, offrendo ai lettori un viaggio in mondi incantati dove la natura è viva e pulsante di magia. Questi racconti non solo affascinano e incantano, ma insegnano anche l'importanza di vivere in armonia con il mondo naturale e rispettare le forze misteriose che lo abitano.

Le fiabe di animali e natura della tradizione slava sono ricche di simbolismo e insegnamenti morali. Attraverso storie di astuzia, forza, coraggio e rispetto per l'ambiente, queste leggende trasmettono valori fondamentali e riflettono la profonda connessione tra gli esseri umani e la natura. Questi racconti continuano a essere una parte essenziale del patrimonio culturale slavo, offrendo lezioni senza tempo e un'immersione affascinante nel mondo della fantasia e della saggezza popolare.

Leggende Storiche e Mitologiche

Le leggende storiche e mitologiche del folklore slavo costituiscono un ricco arazzo di racconti che intrecciano eventi storici con elementi fantastici, creando narrazioni potenti che celebrano eroi leggendari, battaglie epiche e interventi divini. Queste storie non solo intrattengono, ma forniscono anche un senso di identità e continuità culturale, collegando il passato al presente.

Un esempio significativo è la leggenda di Rurik, il fondatore della dinastia Rurikide, che governò la Rus' di Kiev. Secondo la leggenda, Rurik era un guerriero variago chiamato a governare le tribù slave per portare ordine e stabilità. Questo racconto non solo spiega l'origine della dinastia reale, ma legittima anche il potere dei suoi discendenti attraverso un'origine mitica e nobile.

Le storie di Dobrynya Nikitich, uno dei più celebri bogatyr (cavalieri epici) della Rus' di Kiev, mescolano realtà storica e fantasia. Dobrynya è noto per le sue battaglie contro draghi e mostri, e la sua lealtà verso il principe Vladimir. Queste narrazioni non solo glorificano le sue gesta eroiche, ma esemplificano anche i valori di coraggio, lealtà e giustizia, fondamentali nella cultura slava.

Un'altra leggenda storica importante è quella della battaglia sul ghiaccio del 1242, guidata da Aleksandr Nevskij contro i Cavalieri Teutonici. Sebbene basata su un evento reale, la leggenda è arricchita da elementi mitologici che celebrano la vittoria come un intervento divino e un simbolo della resistenza del popolo slavo contro gli invasori stranieri. Nevskij è rappresentato non solo come un abile condottiero, ma anche come un protetto dalle forze divine, rafforzando l'idea che il destino del popolo slavo sia guidato e protetto da poteri superiori.

Le leggende legate ai tempi pagani, come quelle delle divinità Perun e Veles, illustrano la lotta eterna tra le forze del bene e del male, dell'ordine e del caos. Questi racconti mitologici non solo spiegano fenomeni naturali attraverso il simbolismo divino, ma servono anche a instillare un senso di reverenza e rispetto per le tradizioni ancestrali e la natura.

Le leggende storiche e mitologiche della tradizione slava sono strumenti potenti che collegano il passato al presente, celebrando eroi, battaglie e divinità. Queste storie non solo forniscono intrattenimento, ma trasmettono anche valori culturali, rinforzano l'identità collettiva e offrono lezioni morali che continuano a risuonare attraverso i secoli. Attraverso la loro narrazione, il patrimonio culturale slavo viene mantenuto vivo, arricchendo la comprensione del passato e ispirando le generazioni future.

Racconti di Morale ed Insegnamento

I racconti di morale ed insegnamento sono una componente centrale del folklore slavo, utilizzati per trasmettere valori fondamentali e lezioni di vita attraverso narrazioni coinvolgenti. Queste storie, spesso tramandate oralmente di generazione in generazione, riflettono la saggezza popolare e servono a educare i giovani e a ricordare agli adulti le norme sociali e le virtù essenziali.

Un esempio comune è la storia del contadino onesto che, trovando un tesoro nel suo campo, lo consegna al re. In segno di gratitudine, il re premia l'onestà del contadino con una ricompensa ancora maggiore. Questa fiaba sottolinea l'importanza dell'integrità e della sincerità, mostrando come la virtù sia ricompensata.

Un'altra popolare leggenda è quella del fratello saggio e del fratello sciocco, in cui il fratello saggio, attraverso il suo ingegno e la sua diligenza, riesce a prosperare e a superare le difficoltà, mentre il fratello sciocco, con la sua pigrizia e mancanza di giudizio, finisce per fallire. Questo racconto insegna l'importanza del lavoro duro, della prudenza e dell'intelligenza nel superare le sfide della vita.

Le storie di animali parlanti, come quelle della volpe astuta e del corvo ingenuo, servono a trasmettere lezioni su temi come l'inganno, la fiducia e la giustizia. In queste fiabe, la volpe spesso inganna il corvo per ottenere cibo, ma alla fine la verità viene alla luce e la volpe riceve la sua punizione. Questi racconti avvertono contro la disonestà e sottolineano che la giustizia prevale sempre.

Le fiabe di rusalke e altri spiriti della natura sono utilizzate per insegnare il rispetto per l'ambiente e le forze naturali. Le storie in cui le persone non rispettano la natura e vengono punite dalle rusalke o dai leshy servono come avvertimento per trattare la natura con rispetto e cura. Questo riflette la stretta connessione del popolo slavo con l'ambiente e la consapevolezza dell'importanza di vivere in armonia con la natura.

Inoltre, le storie di sacrificio e altruismo sono comuni nel folklore slavo. Un esempio è la storia del giovane che sacrifica tutto per salvare il suo villaggio da una calamità, ricevendo in cambio la gratitudine e il rispetto eterno della sua comunità. Questi racconti enfatizzano il valore dell'altruismo, della generosità e dell'importanza del bene comune.

In conclusione, i racconti di morale ed insegnamento nella tradizione slava non solo intrattengono, ma anche educano e rafforzano i valori culturali. Attraverso queste storie, le virtù come l'onestà, la saggezza, il lavoro duro, il rispetto per la natura e l'altruismo vengono celebrate e trasmesse alle nuove generazioni, mantenendo viva la saggezza popolare e contribuendo alla coesione sociale e culturale.

Analisi del Significato e della Morale della Storia

Temi ricorrenti nelle leggende

Le leggende del folklore slavo sono ricche di temi ricorrenti che riflettono le preoccupazioni, le aspirazioni e i valori della società slava. Tra questi temi, spiccano la lotta tra il bene e il male, l'importanza della giustizia e della verità, la necessità di rispettare la natura e le forze sovrannaturali, e il valore del coraggio e della saggezza. La dicotomia tra ordine e caos è un tema centrale, spesso rappresentato attraverso scontri tra eroi e creature malvagie. Le leggende di eroi come Ilya Muromets e Dobrynya Nikitich esemplificano la lotta per proteggere la comunità e mantenere l'ordine. Anche la trasformazione e la metamorfosi sono temi ricorrenti, simboleggiando il cambiamento e la crescita personale.

Valori e lezioni morali delle fiabe

Le fiabe del folklore slavo sono veicoli potenti di valori e lezioni morali. Esse insegnano l'importanza dell'onestà, della lealtà, della saggezza e del coraggio. Ad esempio, le storie di animali parlanti, come la volpe e il lupo, illustrano la virtù dell'astuzia e la pericolosità dell'inganno. La figura del contadino onesto che viene ricompensato per la sua sincerità sottolinea il valore dell'integrità. Le fiabe di sacrificio, come quelle in cui un giovane si sacrifica per il bene della sua comunità, esaltano l'altruismo e la generosità. Queste storie non solo divertono, ma anche educano, trasmettendo ai bambini e agli adulti lezioni preziose su come comportarsi e vivere in armonia con gli altri e con la natura.

Interpretazioni culturali e sociali

Le interpretazioni culturali e sociali delle leggende e delle fiabe del folklore slavo offrono una finestra sulla mentalità collettiva del popolo slavo. Queste storie riflettono le strutture sociali, le credenze religiose e le dinamiche comunitarie dell'epoca. Ad esempio, le leggende di eroi che combattono contro forze oscure possono essere viste come riflessi delle lotte storiche contro invasori stranieri, rappresentando un desiderio di protezione e indipendenza. Le fiabe che esaltano l'intelligenza e l'astuzia spesso riflettono una valorizzazione della saggezza pratica e della capacità di adattarsi alle circostanze difficili. Inoltre, la presenza costante di elementi naturali e sovrannaturali nelle storie sottolinea la forte connessione tra il popolo slavo e l'ambiente naturale, nonché la loro credenza in un mondo spirituale ricco e complesso. Queste interpretazioni rivelano come le storie popolari non siano solo mezzi di intrattenimento, ma anche strumenti di coesione culturale e trasmissione di valori.

In breve, l'analisi del significato e della morale delle storie del folklore slavo evidenzia temi universali e specifici che continuano a risuonare nella cultura contemporanea. Le leggende e le fiabe, attraverso i loro temi ricorrenti, i valori morali e le interpretazioni culturali, offrono una ricca fonte di insegnamenti e riflessioni, mantenendo viva una tradizione che unisce passato e presente. Queste storie, con la loro profondità e saggezza, continuano a ispirare e a educare, fornendo una guida preziosa per la vita quotidiana e per la comprensione delle dinamiche umane e naturali.

Influenza delle Leggende sulla Cultura Popolare

Adattamenti moderni delle leggende

Le leggende del folklore slavo hanno trovato una nuova vita attraverso numerosi adattamenti moderni che le hanno rese accessibili alle generazioni contemporanee. Queste storie sono state reinterpretate in vari media, tra cui film, serie televisive, libri e videogiochi. Ad esempio, la figura di Baba Yaga è diventata un personaggio ricorrente in film e serie animate, spesso raffigurata come una strega ambigua con poteri magici. Le leggende di eroi come Ilya Muromets e Dobrynya Nikitich sono state adattate in fumetti e graphic novel, che mescolano elementi tradizionali con narrazioni moderne. Questi adattamenti non solo mantengono viva la tradizione orale, ma la arricchiscono con nuove prospettive e tecnologie, rendendo le antiche leggende rilevanti per il pubblico di oggi.

Influenza su letteratura e arte

L'influenza delle leggende slave sulla letteratura e sull'arte è profonda e duratura. Scrittori e poeti hanno attinto a piene mani dal ricco patrimonio di storie e miti per creare opere che esplorano temi universali di coraggio, amore, inganno e redenzione. Autori come Aleksandr Pushkin e Nikolai Gogol hanno incorporato elementi del folklore slavo nelle loro opere, contribuendo a diffondere queste storie a un pubblico più vasto. Le leggende hanno anche ispirato artisti visivi, che hanno creato dipinti, sculture e illustrazioni raffiguranti scene e personaggi mitologici. Opere d'arte che rappresentano eroi epici, creature magiche e paesaggi incantati possono essere trovate in musei e gallerie, attestando l'importanza duratura di queste narrazioni nella cultura visuale.

Persistenza delle storie nella cultura odierna

Nonostante i cambiamenti sociali e tecnologici, le leggende del folklore slavo continuano a persistere nella cultura odierna, influenzando vari aspetti della vita quotidiana e della cultura popolare. Le festività tradizionali spesso includono rievocazioni di leggende e miti, con danze, canti e rappresentazioni teatrali che raccontano storie antiche. Le fiabe vengono ancora raccontate ai bambini, non solo come intrattenimento, ma anche come mezzo per trasmettere valori morali e culturali. Inoltre, la presenza delle leggende nei media digitali, come i podcast e i canali YouTube dedicati alla narrazione di storie, testimonia la loro continua rilevanza e adattabilità. In un'epoca dominata dalla tecnologia, queste storie antiche offrono un legame prezioso con il passato, permettendo alle persone di connettersi con le loro radici culturali e di trovare significato nelle esperienze condivise.

L'influenza delle leggende slave sulla cultura popolare, pertanto, è vasta e diversificata, estendendosi attraverso adattamenti moderni, letteratura, arte e pratiche culturali contemporanee.

Queste storie, con la loro ricchezza e profondità, continuano a ispirare e a educare, dimostrando la loro capacità di evolversi e di rimanere pertinenti in un mondo in continua trasformazione. Attraverso il loro perdurare, le leggende del folklore slavo mantengono viva una tradizione che unisce generazioni e culture, celebrando l'eredità di un passato ricco di saggezza e immaginazione.

CAPITOLO 8: Riti e Festività Tradizionali

Descrizione delle Festività Legate ai Miti e alle Leggende

Kupala Night: celebrazioni e rituali

Kupala Night, o Notte di Kupala, è una delle festività più affascinanti e antiche del calendario slavo, profondamente radicata nei miti e nelle leggende della tradizione. Celebrata durante il solstizio d'estate, tra il 23 e il 24 giugno, Kupala Night è dedicata al culto del fuoco, dell'acqua, della fertilità e della purificazione. La festa prende il nome da Kupala, una divinità slava associata al sole, alla crescita e alla fertilità.

Le celebrazioni di Kupala Night sono caratterizzate da una serie di rituali che combinano elementi di antiche pratiche pagane con influenze cristiane, creando un'atmosfera di magia e mistero. Uno dei rituali più iconici è il salto sul fuoco. I partecipanti, spesso giovani coppie, saltano sui falò accesi, credendo che il fuoco abbia il potere di purificare e portare fortuna. Questo gesto simbolico rappresenta la purificazione spirituale e la protezione contro gli spiriti maligni.

Un altro rito significativo è la ricerca del fiore di felce, che secondo la leggenda fiorisce solo una notte all'anno, durante Kupala Night. Si crede che trovare questo fiore magico porti fortuna, saggezza e la capacità di comprendere il linguaggio degli animali. Giovani uomini e donne si avventurano nei boschi alla sua ricerca, e la tradizione è spesso accompagnata da racconti di incontri con creature magiche e spiriti della natura.

L'acqua gioca un ruolo cruciale nelle celebrazioni di Kupala Night. Le persone si bagnano nei fiumi e nei laghi, credendo che le acque abbiano proprietà curative e purificatrici in questa notte speciale. Le donne intrecciano corone di fiori e le fanno galleggiare sull'acqua, osservando i movimenti delle corone per prevedere il loro futuro amoroso. Se la corona affonda, può essere un presagio di sfortuna, mentre se fluttua serenamente, porta buoni auspici.

Le danze e i canti sono parte integrante delle celebrazioni. I partecipanti si uniscono in cerchi attorno ai falò, cantando canzoni tradizionali che evocano la natura, la fertilità e le antiche divinità. Questi canti e danze non solo celebrano la comunità e la stagione, ma anche rafforzano i legami sociali e culturali tra i partecipanti.

Kupala Night è anche un momento per i rituali di guarigione e fertilità. Le erbe raccolte durante questa notte sono considerate particolarmente potenti e vengono utilizzate per preparare rimedi curativi e amuleti protettivi. Le donne che desiderano avere figli partecipano a cerimonie speciali, pregando per la fertilità e la benedizione di Kupala.

Kupala Night è una festa che celebra la vita, la natura e la connessione spirituale con il mondo naturale. Attraverso i suoi rituali di fuoco, acqua, canti e danze, questa antica tradizione continua a unire le comunità, mantenendo viva la ricca eredità culturale e spirituale del popolo slavo. Le celebrazioni di Kupala Night non solo offrono un'occasione per festeggiare, ma anche per riflettere sulla ciclicità della vita e sulla potenza rigeneratrice della natura.

Maslenitsa: la festa dell'Inverno

Maslenitsa, conosciuta anche come la Settimana del Burro, è una delle festività più vibranti e significative della tradizione slava, celebrata per salutare l'inverno e dare il benvenuto alla primavera. Questa festa, che si svolge durante l'ultima settimana prima della Quaresima ortodossa, è una combinazione di antiche tradizioni pagane e riti cristiani, rappresentando un momento di gioia, abbondanza e purificazione.

La celebrazione di Maslenitsa è caratterizzata da una serie di rituali e attività che simboleggiano la transizione stagionale e la rinascita della natura. Uno degli elementi più iconici della festa è la preparazione e il consumo di bliny, sottili frittelle simili ai pancake, che rappresentano il sole con la loro forma rotonda e dorata. Mangiare bliny in grande quantità è un atto di ringraziamento per la fine dell'inverno e un auspicio di prosperità e calore per la nuova stagione.

Le giornate di Maslenitsa sono riempite di giochi e competizioni all'aperto, che includono corse con i sacchi, battaglie di palle di neve, gare di slitte e arrampicate su pali scivolosi. Queste attività non solo offrono divertimento e intrattenimento, ma rafforzano anche i legami comunitari, unendo persone di tutte le età in un clima di festa e allegria.

Un altro rito significativo è l'incendio della figura di Maslenitsa, una grande effigie di paglia vestita con abiti femminili, che simboleggia l'inverno. Alla fine della settimana, la figura viene bruciata in un grande falò, un atto che rappresenta la fine della stagione fredda e l'inizio di una nuova vita con l'arrivo della primavera. Le ceneri dell'effigie vengono sparse nei campi come augurio di fertilità e buoni raccolti.

Durante Maslenitsa, si tengono anche sfilate in maschera e spettacoli teatrali, dove i partecipanti indossano costumi colorati e maschere tradizionali, esibendosi in canti, balli e rappresentazioni di storie popolari. Questi spettacoli celebrano la cultura e il folklore slavo, mantenendo vive le antiche tradizioni e trasmettendole alle nuove generazioni.

Le celebrazioni di Maslenitsa includono anche momenti di riflessione e purificazione spirituale. Alla vigilia della Quaresima, le persone chiedono perdono ai propri amici e familiari per eventuali torti commessi durante l'anno, un gesto che simboleggia la purificazione e la riconciliazione. Questo rituale di perdono è un aspetto fondamentale della festa, preparando i fedeli a entrare nel periodo di digiuno e penitenza con un cuore puro e libero da rancori.

Per riassumere, Maslenitsa è una festa che unisce la comunità attraverso il cibo, i giochi, i rituali e la riflessione spirituale. Con le sue radici profonde nelle tradizioni pagane e cristiane, questa celebrazione continua a essere un momento di grande importanza culturale per il popolo slavo, segnando il passaggio dall'inverno alla primavera e celebrando la ciclicità della natura e della vita.

Dziady: il Giorno dei Morti

Dziady, conosciuto come il Giorno dei Morti nella tradizione slava, è una festa ancestrale profondamente radicata nella cultura e nella spiritualità del popolo slavo. Celebrato in vari momenti dell'anno, ma principalmente in autunno e in primavera, Dziady è dedicato alla commemorazione degli antenati e al culto dei defunti. Questa festa rappresenta un momento di connessione tra i vivi e i morti, in cui si crede che le anime dei defunti ritornino per visitare i loro discendenti.

Le celebrazioni di Dziady sono caratterizzate da una serie di rituali e pratiche volti a onorare gli antenati e a garantire la loro benevolenza e protezione. Uno dei riti principali è il banchetto commemorativo, durante il quale le famiglie preparano un pasto speciale e lasciano delle porzioni di cibo per gli spiriti dei defunti. Questi pasti includono spesso pane, miele, uova e altre pietanze tradizionali, che vengono disposte su un tavolo o sull'altare di famiglia. Si crede che gli spiriti degli antenati partecipino invisibilmente al banchetto, nutrendosi delle offerte e benedicendo i vivi.

Un altro importante rituale di Dziady è l'accensione di candele e fuochi sulle tombe e nei luoghi sacri. Le fiamme rappresentano una guida per le anime dei defunti, aiutandole a trovare la strada di ritorno verso il mondo dei vivi. Le candele accese simboleggiano anche la luce della memoria e della speranza, mantenendo vivo il ricordo degli antenati e illuminando il cammino spirituale dei discendenti.

Durante Dziady, si tengono anche preghiere e incantesimi speciali per i defunti. I membri della comunità si riuniscono per recitare preghiere e cantare canti sacri, invocando la protezione e la guida degli antenati. Gli sciamani e i sacerdoti possono eseguire rituali specifici per comunicare con gli spiriti, chiedendo loro consiglio e benedizioni. Questi rituali riflettono la credenza che gli antenati abbiano un ruolo attivo nella vita dei vivi, offrendo protezione e saggezza dal mondo dei morti.

Le storie e le leggende raccontate durante Dziady spesso riguardano gli spiriti e le apparizioni. Si narra di spiriti benevoli che proteggono le loro famiglie e di spiriti inquieti che cercano pace e redenzione. Questi racconti servono a ricordare l'importanza di rispettare i morti e di mantenere vivi i legami con gli antenati.

Dziady è anche un momento di riflessione e purificazione spirituale. Le persone si purificano attraverso il digiuno e la preghiera, cercando di riconciliarsi con il passato e di onorare la memoria dei defunti. Questo processo di purificazione è visto come un modo per liberare l'anima dai peccati e per prepararsi spiritualmente alle nuove sfide della vita.

In breve, Dziady è una festa che celebra il legame profondo e indissolubile tra i vivi e i morti nella tradizione slava. Attraverso i rituali di commemorazione, preghiera e purificazione, questa festa mantiene viva la memoria degli antenati e rinforza il senso di appartenenza e continuità della comunità. Dziady non solo onora i defunti, ma anche offre ai vivi un'occasione per riflettere sulla propria esistenza, sulle proprie radici e sul ruolo degli spiriti nella loro vita quotidiana.

Rituali e Cerimonie Antiche

Riti di fertilità e abbondanza

Nella tradizione slava, i riti di fertilità e abbondanza erano essenziali per garantire il benessere e la prosperità della comunità. Questi riti erano spesso celebrati in primavera, periodo di rinascita e crescita. Uno dei rituali più significativi era il rito del fieno, in cui giovani donne e uomini si riunivano nei campi per intrecciare corone di fiori e ballare attorno a falò. Questi gesti simbolizzavano la fertilità della terra e il desiderio di abbondanti raccolti. Le corone di fiori, spesso realizzate con erbe sacre come l'iperico e il timo, venivano poi appese nelle case come talismani protettivi. Un altro rito importante era il sacrificio di animali, come polli o pecore, i cui resti erano sepolti nei campi per propiziare la benevolenza degli dei della fertilità e assicurare una buona stagione agricola.

Cerimonie di purificazione e protezione

Le cerimonie di purificazione e protezione erano pratiche fondamentali per mantenere l'armonia e la sicurezza della comunità contro le influenze negative e gli spiriti maligni. Uno dei rituali più comuni era l'aspersione con acqua benedetta, che veniva effettuata da sciamani o sacerdoti. Questo rituale coinvolgeva il passaggio di una persona o di un oggetto attraverso una nebbia di vapore generata da acqua bollente, oppure l'aspersione diretta di acqua benedetta su persone, animali e abitazioni. Si credeva che l'acqua avesse proprietà purificatrici e curative, capaci di scacciare le malattie e gli spiriti maligni. Un'altra pratica importante era il rito del fuoco, in cui venivano accesi grandi falò durante festività particolari, come Kupala Night. Le persone saltavano sopra i falò per purificarsi e proteggersi dagli spiriti maligni. Anche il fumo delle erbe sacre, bruciate durante questi riti, era utilizzato per purificare l'aria e proteggere dalle influenze negative.

Festività stagionali e agricole

Le festività stagionali e agricole erano momenti cruciali nel calendario slavo, scanditi da celebrazioni che onoravano il ciclo della natura e il lavoro agricolo. La festa di Yarilo, celebrata in primavera, era dedicata al dio della vegetazione e della fertilità. Durante questa festività, la comunità si riuniva per processioni nei campi, portando immagini del dio e cantando inni per propiziare una buona crescita delle colture. Un'altra importante festività era Mokosh Day, celebrata in autunno, in onore della dea della terra e della fertilità. Le donne intessevano tessuti e preparavano pani rituali, offrendo i primi frutti del raccolto alla dea per ringraziarla della sua generosità. L'inverno era segnato da Koljadki, celebrazioni in onore del solstizio d'inverno, durante le quali si cantavano canzoni rituali e si preparavano cibi speciali per garantire la rinascita del sole e la fine dell'inverno. Queste festività non solo celebravano il ciclo naturale delle stagioni, ma anche rafforzavano i legami comunitari e l'identità culturale, attraverso rituali che coinvolgevano l'intera comunità in atti di devozione, ringraziamento e speranza.

I riti di fertilità e abbondanza, le cerimonie di purificazione e protezione e le festività stagionali e agricole erano fondamentali nella vita degli antichi slavi. Questi rituali non solo garantivano la prosperità e la sicurezza della comunità, ma anche rafforzavano i legami sociali e culturali, mantenendo viva la connessione tra gli esseri umani, la natura e il mondo spirituale. Attraverso queste pratiche, gli antichi slavi esprimevano la loro gratitudine, le loro speranze e il loro rispetto per le forze che governavano il mondo, assicurando così la continuità delle loro tradizioni e la coesione della loro società.

Confronto con le Festività altre Tradizioni

Somiglianze con festività europee

Le festività tradizionali slave mostrano molte similarità con le festività europee, soprattutto quelle legate ai cicli stagionali e ai riti di fertilità e purificazione. Ad esempio, Kupala Night, celebrata durante il solstizio d'estate, è simile alla festa di San Giovanni in molti paesi europei, dove falò, danze e rituali acquatici sono comuni. Entrambe le celebrazioni sono radicate in antiche tradizioni pagane che onorano il sole e la natura. Allo stesso modo, Maslenitsa, la festa dell'inverno slava, trova un parallelo nel Carnevale europeo, con entrambe le festività segnando il passaggio dall'inverno alla primavera e caratterizzate da abbondanti festeggiamenti, cibo e rituali di purificazione. Anche Dziady, il Giorno dei Morti, presenta somiglianze con la Festa di Ognissanti e il Giorno dei Morti in altre culture europee, dove si commemorano gli antenati e si praticano riti di ricordo e rispetto per i defunti.

Influenze reciproche e contaminazioni

Le festività slave e le festività di altre tradizioni europee hanno subito influenze reciproche e contaminazioni nel corso dei secoli, specialmente attraverso il contatto culturale e la cristianizzazione. Con l'introduzione del cristianesimo, molte feste pagane furono reinterpretate in chiave cristiana, mantenendo però molti degli elementi originari. Ad esempio, Kupala Night divenne associata alla celebrazione di San Giovanni Battista, incorporando riti cristiani ma mantenendo i tradizionali falò e i rituali acquatici. Similmente, Maslenitsa è stata integrata con il periodo di Carnevale, adottando elementi della Quaresima cristiana mentre conservava i suoi caratteristici banchetti e giochi invernali. Questo processo di sincretismo ha arricchito le festività, permettendo la coesistenza di vecchie e nuove tradizioni e facilitando la transizione culturale e religiosa.

Evoluzione delle festività nel tempo

Le festività tradizionali slave hanno subito una significativa evoluzione nel tempo, adattandosi ai cambiamenti sociali, culturali e religiosi. Con la cristianizzazione della regione, molte feste pagane furono assorbite dal calendario liturgico cristiano, assumendo nuovi significati e pratiche. Tuttavia, nonostante queste trasformazioni, le radici pagane delle festività sono rimaste evidenti, riflettendo una continuità culturale che ha resistito ai cambiamenti storici. In epoca moderna, le festività slave hanno continuato ad evolversi, influenzate dalla globalizzazione e dalla modernizzazione. Eventi tradizionali come Kupala Night e Maslenitsa sono stati riscoperti e rivitalizzati come simboli dell'identità culturale e del patrimonio nazionale, celebrati non solo nelle campagne ma anche nelle città. Le moderne tecnologie di comunicazione e i media hanno facilitato la diffusione e la promozione di queste tradizioni, permettendo una più ampia partecipazione e un rinnovato interesse. Oggi, le festività tradizionali slave sono spesso celebrate con una mescolanza di antiche pratiche e nuove interpretazioni, mantenendo vive le tradizioni mentre si adattano ai contesti contemporanei.

In conclusione, le festività tradizionali slave condividono molte somiglianze con altre festività europee, hanno subito influenze reciproche e contaminazioni, e sono evolute nel tempo per riflettere i cambiamenti culturali e sociali. Queste celebrazioni continuano a giocare un ruolo vitale nella vita delle comunità, offrendo un legame con il passato e una celebrazione delle identità culturali che persistono e si trasformano attraverso i secoli.

Capitolo 9. Lascito e Influenza della Mitologia Slava

Come la Mitologia Slava ha Influenzato la Cultura Moderna

Influenze sulla Letteratura e Arte

La mitologia slava ha avuto un impatto significativo sulla letteratura e l'arte moderne, ispirando una vasta gamma di scrittori, poeti e artisti. Autori come Aleksandr Pushkin e Nikolai Gogol hanno attinto profondamente dalle leggende e dai miti slavi per creare opere che esplorano temi universali attraverso un prisma culturale unico. Le fiabe e i racconti mitologici sono stati integrati in romanzi e poesie, contribuendo a formare una narrativa ricca e affascinante.

Nell'arte visiva, pittori come Ivan Bilibin hanno immortalato scene mitologiche con uno stile distintivo, portando alla vita eroi epici, divinità e creature magiche attraverso colori vivaci e dettagli intricati. Le sculture e le opere teatrali hanno riflettuto l'influenza della mitologia slava, utilizzando simboli e storie antiche per esplorare temi contemporanei e mantenere viva la tradizione.

Mitologia Slava nei Media Contemporanei

La mitologia slava ha trovato una nuova espressione nei media contemporanei, tra cui film, serie televisive, videogiochi e fumetti. Film come "Viy" e serie televisive come "Gogol'" hanno rivisitato e reinterpretato antiche leggende, introducendole a un pubblico più ampio e moderno. Nei videogiochi, titoli come "The Witcher" e "Skyrim" integrano elementi di mitologia slava nei loro mondi fantastici, creando personaggi e trame che riflettono l'immaginario tradizionale slavo.

Questi media non solo diffondono la mitologia slava a livello globale, ma anche la modernizzano, rendendola accessibile e rilevante per le nuove generazioni. I fumetti e le graphic novel offrono un altro mezzo attraverso cui la mitologia slava viene esplorata e celebrata, con autori e illustratori che creano storie avvincenti ispirate alle antiche tradizioni.

Riferimenti nella Cultura Popolare

I riferimenti alla mitologia slava sono presenti in molti aspetti della cultura popolare, spesso in modi sottili ma significativi. Film di Hollywood, romanzi fantasy e serie TV internazionali incorporano elementi mitologici slavi, a volte sotto forma di creature mitiche, simboli o temi narrativi. La figura di Baba Yaga, ad esempio, è diventata un'icona riconosciuta a livello globale, apparendo in film, giochi e persino nella moda.

Le celebrazioni di festività tradizionali come Kupala Night e Maslenitsa sono state rivitalizzate e adattate in festival contemporanei, che mescolano antiche tradizioni con nuove forme di intrattenimento. La musica popolare, sia tradizionale che moderna, spesso include riferimenti a miti e leggende, con testi che evocano storie e personaggi mitologici. Anche la pubblicità e il branding attingono alla ricca iconografia della mitologia slava per evocare un senso di autenticità e mistero.

La mitologia slava ha influenzato profondamente la cultura moderna attraverso la letteratura, l'arte, i media contemporanei e vari aspetti della cultura popolare. Questa eredità continua a prosperare, adattandosi e rinnovandosi per rimanere rilevante e significativa. Attraverso queste influenze, le antiche storie e simboli della mitologia slava continuano a vivere, offrendo ispirazione e connessione culturale alle generazioni attuali e future.

Confronto con altre Mitologie Europee

Somiglianze con Mitologie Germaniche e Celtiche

La mitologia slava condivide molte somiglianze con le mitologie germaniche e celtiche, riflettendo temi comuni e archetipi che attraversano le culture indoeuropee. Ad esempio, il concetto di un albero del mondo o asse cosmico, presente nella mitologia slava come il "Mondo di Perun" e nella mitologia germanica come Yggdrasil, evidenzia una visione comune dell'universo come struttura vivente.

Entrambe le mitologie includono figure di eroi epici e guerrieri che compiono gesta straordinarie, simili ai bogatyr slavi e agli eroi germanici come Sigfrido o ai celtici come Cú Chulainn. Gli spiriti della natura, come il Leshy nella mitologia slava, trovano corrispondenza nei folletti celtici e nei elfi germanici, tutti rappresentando forze naturali che possono essere sia benevole che malevole. Anche le celebrazioni stagionali, come le festività del solstizio, sono comuni a queste tradizioni, con riti di fuoco e acqua che simboleggiano purificazione e rinascita.

Influenze Greche e Romane

La mitologia slava ha subito influenze greche e romane attraverso il contatto culturale e il sincretismo durante l'epoca antica e medievale. Le divinità slava come Perun, il dio del tuono e della guerra, mostrano somiglianze con Zeus della mitologia greca e Giove della mitologia romana, che sono anch'essi dèi del cielo e del fulmine.

I racconti di eroi e mostri nella mitologia slava possono essere paragonati alle epiche greche, come le gesta di Ercole o le avventure di Ulisse, in termini di struttura narrativa e temi eroici. Il culto degli antenati, centrale nella tradizione slava, può essere messo in parallelo con le pratiche romane di venerazione dei Lari e dei Penati, gli spiriti domestici e degli antenati.

Inoltre, il processo di cristianizzazione ha portato con sé molti elementi della mitologia greco-romana, che sono stati reinterpretati e integrati nelle storie e nei rituali slavi, arricchendo ulteriormente il loro patrimonio mitologico.

Differenze Fondamentali e Uniche

Nonostante le somiglianze e le influenze, la mitologia slava presenta differenze fondamentali e uniche che la distinguono dalle altre mitologie europee. Una delle principali differenze è l'importanza data agli spiriti domestici e locali, come i domovoi e le rusalki, che riflettono una connessione più intima e quotidiana con il mondo soprannaturale.

La figura di Baba Yaga, una strega ambivalente che può essere sia un'alleata che un'antagonista, non ha un vero equivalente nelle mitologie germaniche o celtiche, rappresentando un archetipo unico nella tradizione slava. Inoltre, la mitologia slava enfatizza fortemente il rispetto per la natura e l'ambiente, con numerose storie che trattano della sacralità delle foreste, delle acque e delle montagne, e delle punizioni per chi viola questi luoghi sacri.

Questo profondo legame con la natura è meno accentuato nelle mitologie germaniche e celtiche, che spesso pongono maggiore enfasi su temi di guerra e conquista. Anche il sincretismo con il cristianesimo ha portato a una fusione unica di credenze pagane e cristiane nella mitologia slava, creando un tessuto culturale ricco e complesso che continua a evolversi.

In conclusione, mentre la mitologia slava condivide molte somiglianze con le mitologie germaniche, celtiche, greche e romane, possiede anche caratteristiche uniche che la distinguono e la rendono affascinante. Queste differenze e influenze reciproche evidenziano la ricchezza e la diversità delle tradizioni mitologiche europee, offrendo una panoramica più completa delle credenze e delle storie che hanno plasmato le culture del continente.

Come le Tradizioni sono state Trasmesse nella Modernità

Riscoperta e Valorizzazione delle Leggende

La riscoperta e valorizzazione delle leggende slave è un fenomeno che ha visto una crescita significativa negli ultimi decenni. Studiosi, artisti e appassionati di cultura hanno iniziato a esplorare e reinterpretare le antiche storie, portando alla luce aspetti dimenticati o poco conosciuti della mitologia slava.

Questa rinascita è alimentata dal desiderio di riscoprire l'identità culturale e dalle iniziative di turismo culturale che promuovono la visita a siti storici e luoghi legati alle leggende. Le fiabe e i miti sono stati adattati in nuovi formati, come film, serie TV, libri e videogiochi, che hanno reso queste storie accessibili e attraenti per le nuove generazioni. La valorizzazione delle leggende non solo contribuisce alla preservazione del patrimonio culturale, ma stimola anche l'orgoglio nazionale e l'interesse internazionale verso la ricca tradizione slava.

Il Futuro della Mitologia Slava

Il futuro della mitologia slava appare promettente, grazie all'interesse crescente e alle numerose iniziative volte a mantenerla viva e rilevante. La digitalizzazione dei testi antichi e delle storie orali garantisce che queste leggende possano essere conservate e studiate per le generazioni future. Le collaborazioni tra studiosi, artisti e tecnologi stanno creando nuove forme di narrazione che integrano le antiche tradizioni con le tecnologie moderne, come la realtà virtuale e aumentata.

Questi sviluppi offrono esperienze immersive che permettono al pubblico di esplorare la mitologia slava in modi innovativi. Inoltre, il continuo interesse accademico e la ricerca sulle influenze e le varianti regionali della mitologia slava assicurano che nuove scoperte e interpretazioni continuino a emergere. In un mondo globalizzato, la mitologia slava ha il potenziale di diventare una fonte di ispirazione e connessione culturale, celebrando la diversità e la ricchezza delle tradizioni umane.

In conclusione, la permanenza delle tradizioni e delle leggende slave è garantita attraverso la trasmissione, la riscoperta e la valorizzazione del loro ricco patrimonio culturale. Il futuro della mitologia slava è luminoso, con nuove tecnologie e un crescente interesse che continuano a promuovere e celebrare queste storie antiche, assicurando che rimangano una parte vitale della cultura globale.

Capitolo 10. Racconti della Tradizione Slovena

Il Fantasma dell'Apicoltore

In un piccolo villaggio sloveno, nascosto tra fitte foreste e campi fioriti, viveva un apicoltore di nome Jure. La sua casa si trovava ai margini del villaggio, vicino a una radura soleggiata dove le sue arnie si allineavano come sentinelle dorate. Jure era conosciuto in tutta la regione per la sua abilità nell'arte dell'apicoltura e per il miele straordinario che produceva, richiesto persino nelle città lontane. Tuttavia, Jure non era noto solo per il suo miele, ma anche per la sua gentilezza e generosità. Spesso aiutava i vicini con le sue conoscenze sulle api e condivideva il suo miele con chi ne aveva bisogno.

La vita di Jure era semplice ma piena. Ogni mattina si svegliava all'alba, accogliendo il primo sole con una preghiera silenziosa alla natura. Si recava verso le arnie con passo tranquillo, parlando dolcemente alle sue api come se fossero vecchie amiche. Conosceva ogni segreto dell'apicoltura: sapeva quando raccogliere il miele, come proteggere le api durante l'inverno e come calmare gli sciami irrequieti. La sua connessione con le api era quasi mistica, un legame che sembrava andare oltre la semplice comprensione umana.

Una fredda notte d'autunno, Jure non tornò a casa dalle sue arnie. La sua famiglia e i vicini, preoccupati, iniziarono a cercarlo, ma invano. Dopo giorni di ricerche, Jure fu trovato senza vita vicino a una delle sue arnie, con un'espressione di serena tranquillità sul volto. La sua morte fu un duro colpo per il villaggio, che perse non solo un grande apicoltore ma anche un caro amico.

I villaggi, in lutto, celebrarono un funerale semplice ma toccante per Jure, seppellendolo sotto un grande albero di quercia, il suo preferito, vicino alla radura dove le sue arnie continuavano a brillare al sole. Dopo la sua morte, iniziarono a circolare voci su strani avvenimenti vicino alle arnie di Jure. Alcuni villaggi riferirono di aver visto una figura spettrale aggirarsi tra le arnie nelle notti di luna piena, una figura che sembrava prendersi cura delle api come faceva Jure in vita. Le api, stranamente, producevano ancora miele in abbondanza, come se fossero ancora guidate dalla mano esperta del loro defunto padrone.

La leggenda del fantasma dell'apicoltore prese piede rapidamente. Si diceva che Jure fosse tornato dal regno dei morti per proteggere le sue amate api e per garantire che il villaggio continuasse a prosperare grazie al miele. La sua presenza spettrale non era motivo di paura, ma piuttosto di conforto per i villaggi, che vedevano in lui un guardiano benevolo.

Una notte, un giovane apicoltore di nome Luka, desideroso di apprendere i segreti di Jure, decise di avventurarsi nella radura. Armato di coraggio e di una lampada a olio, si avvicinò alle arnie. La luna piena illuminava la scena con una luce argentea, e il silenzio era rotto solo dal lieve ronzio delle api. Improvvisamente, Luka vide una figura indistinta emergere dalla nebbia. Era Jure, o meglio, il suo spirito. Luka, inizialmente spaventato, fu presto sopraffatto da una sensazione di pace.

Il fantasma di Jure non parlava, ma i suoi gesti erano eloquenti. Con movimenti lenti e deliberati, mostrò a Luka come prendersi cura delle api, come riconoscere i segni di malattia e come raccogliere il miele senza disturbare lo sciame. Luka seguiva attentamente, assorbendo ogni dettaglio. Quando la notte stava per finire, lo spirito di Jure si dissolse con il primo chiarore dell'alba, lasciando Luka con una comprensione nuova e profonda dell'apicoltura.

Interpretazioni e Significato

Il racconto del fantasma dell'apicoltore Jure può essere interpretato in vari modi. In primo luogo, rappresenta l'amore e la dedizione di Jure per il suo lavoro e per la comunità. Anche dopo la morte, il suo spirito continua a prendersi cura delle api e del villaggio, sottolineando l'importanza del legame tra l'uomo e la natura. Questa leggenda riflette anche il valore della generosità e della condivisione, temi centrali nella cultura rurale slovena.

Un altro significato della storia riguarda il rispetto per le tradizioni e le conoscenze ancestrali. Jure, con le sue competenze nell'apicoltura, rappresenta la saggezza e l'esperienza tramandata di generazione in generazione. Il suo ritorno come fantasma può essere visto come un simbolo della continuità delle tradizioni e dell'importanza di preservare le conoscenze tradizionali.

La leggenda del fantasma dell'apicoltore ha avuto un'influenza significativa sulla cultura slovena, soprattutto nelle comunità rurali. La storia di Jure viene raccontata ai bambini come esempio di dedizione e amore per la natura. Inoltre, la figura di Jure è diventata un simbolo di buon augurio per gli apicoltori, che spesso lasciano piccoli omaggi vicino alle arnie durante le notti di luna piena per onorare il suo spirito.

La leggenda ha anche ispirato diverse opere d'arte, inclusi dipinti e poesie che celebrano la figura dell'apicoltore e il suo legame con le api. Festival locali dedicati al miele e all'apicoltura spesso includono rappresentazioni teatrali della storia di Jure, rafforzando il senso di comunità e di identità culturale.

In conclusione, la leggenda del fantasma dell'apicoltore non solo racconta una storia affascinante ma incarna valori profondamente radicati nella cultura slovena, come il rispetto per la natura, la generosità e la continuità delle tradizioni.

La Leggenda di Popiel e i Topi

In tempi antichi, nella regione della Polonia oggi conosciuta come Gniezno, viveva un principe crudele e corrotto di nome Popiel. Era noto per la sua avidità, la sua tirannia e la sua totale mancanza di rispetto per i suoi sudditi. Popiel, spinto dall'ambizione e dalla sete di potere, governava con un pugno di ferro, accumulando ricchezze e opprimendo il suo popolo con tasse insostenibili e ingiuste.

Sua moglie, una donna altrettanto spietata, lo incoraggiava nei suoi atti malvagi e complottava con lui per mantenere il loro dominio incontrastato. La coppia viveva in un grande castello, circondato da lussi sfrenati e protetto da guardie fedeli solo a loro. Popiel non esitava a eliminare chiunque mettesse in discussione la sua autorità, e molte erano le voci che narravano di avvelenamenti e sparizioni misteriose.

Un giorno, i nobili locali, stanchi della sua tirannia, si riunirono segretamente per discutere di come porre fine al suo regno di terrore. Venuto a conoscenza della congiura, Popiel decise di agire per primo. Invitò i nobili a un banchetto nel suo castello, promettendo di ascoltare le loro lamentele e di cercare una soluzione pacifica. Durante il banchetto, Popiel e sua moglie misero in atto un piano diabolico: avvelenarono il cibo e il vino, uccidendo tutti i nobili presenti.

Convinto di aver eliminato ogni minaccia al suo potere, Popiel si sentì trionfante. Tuttavia, poco dopo il banchetto, iniziarono a verificarsi strani eventi. Sciami di topi iniziarono a infestare il castello, provenienti da ogni angolo e crepa. I topi, guidati da una forza misteriosa, sembravano avere un solo obiettivo: Popiel e sua moglie. Ogni tentativo di scacciarli o ucciderli si rivelò inutile; i topi sembravano inarrestabili.

Disperato, Popiel cercò rifugio in una torre isolata del castello, sperando che le sue solide mura potessero proteggerlo. Ma i topi non si fermarono. Con un'incredibile determinazione, rosicchiarono legno e pietra fino a raggiungere la torre. Alla fine, i topi trovarono Popiel e sua moglie, e la leggenda narra che li divorarono vivi, ponendo fine al loro regno di terrore.

Significato Morale e Simbolico del Racconto

La leggenda di Popiel e dei topi è ricca di significati morali e simbolici. In primo luogo, rappresenta la giustizia divina e la retribuzione per i crimini commessi. La crudeltà e la corruzione di Popiel e sua moglie non rimangono impunite; la natura stessa, attraverso l'insolita alleanza con i topi, si ribella contro di loro. Questo elemento della storia sottolinea il concetto che il male commesso torna sempre indietro a chi lo ha causato, un tema comune nelle narrazioni morali.

Inoltre, i topi, solitamente visti come portatori di pestilenza e distruzione, diventano strumenti di giustizia. Questo ribaltamento simbolico evidenzia come anche le creature più disprezzate possano avere un ruolo significativo nell'ordine cosmico. La fine di Popiel attraverso un attacco di topi simboleggia anche l'inevitabile caduta dei tiranni, indipendentemente dal loro potere o dalle loro precauzioni.

Influenza del Racconto sulla Storia e Cultura Polacca

La leggenda di Popiel e dei topi ha avuto una notevole influenza sulla storia e cultura polacca, radicandosi profondamente nel folklore e nella memoria collettiva del paese. La storia è spesso raccontata come un monito contro la tirannia e l'ingiustizia, utilizzata per insegnare lezioni di morale e integrità ai giovani.

In molte città polacche, la leggenda di Popiel viene rievocata attraverso spettacoli teatrali e festival, che celebrano la giustizia e la fine della tirannia. Questi eventi non solo mantengono viva la tradizione, ma rafforzano anche il senso di identità culturale e di comunità tra i partecipanti. La torre del castello di Popiel, dove si dice sia stato divorato dai topi, è diventata una meta di pellegrinaggio e curiosità turistica, simbolo della vittoria della giustizia sul male.

La leggenda ha ispirato numerosi scrittori, artisti e musicisti, diventando un tema ricorrente nelle opere letterarie e artistiche polacche. Opere teatrali, poemi epici e canzoni popolari narrano la storia di Popiel, ciascuna aggiungendo il proprio tocco creativo e interpretativo, mantenendo viva la leggenda nel cuore della cultura polacca.

In conclusione, la leggenda di Popiel e dei topi non solo racconta una storia avvincente di giustizia e retribuzione, ma incarna anche valori profondamente radicati nella cultura polacca, come la lotta contro la tirannia e l'importanza della giustizia. La sua influenza continua a essere sentita nella letteratura, nell'arte e nella cultura popolare, rendendola una parte vitale del patrimonio culturale polacco.

Bogunka del Lago Goplo

Nelle profondità della verdeggiante regione della Polonia, vicino al misterioso Lago Goplo, si narra di una creatura enigmatica conosciuta come la Bogunka. Questa leggenda, tramandata di generazione in generazione, affonda le sue radici in tempi antichi, quando il mondo era popolato da spiriti della natura e divinità locali. La Bogunka, spesso descritta come una figura femminile eterea con lunghi capelli fluenti e occhi penetranti, è uno di questi spiriti, strettamente legata alle acque del Lago Goplo.

Secondo la leggenda, la Bogunka era un tempo una giovane donna mortale di straordinaria bellezza e bontà, amata da tutti nel suo villaggio. Un giorno, mentre raccoglieva erbe medicinali lungo le sponde del lago, incontrò un misterioso sconosciuto. Questi si rivelò essere un antico spirito del lago, affascinato dalla sua purezza e dal suo cuore generoso. Colpito dalla sua bellezza e dalla sua bontà, lo spirito la invitò a unirsi a lui nel regno acquatico.

La giovane accettò, ma non senza conseguenze. Una volta entrata nelle acque magiche del lago, la sua natura umana cambiò, e divenne la Bogunka, la guardiana delle acque e delle creature del lago. Da allora, la sua figura appare nelle notti di luna piena, emergendo dalle acque per proteggere il lago e punire coloro che osano profanare il suo santuario. Le sue apparizioni sono spesso precedute da una nebbia sottile e da un canto malinconico che risuona tra le onde.

Le storie di pescatori e viaggiatori che hanno osato sfidare la Bogunka abbondano. Si narra di barche rovesciate misteriosamente e di uomini che spariscono nelle acque senza lasciare traccia, avvolti dall'abbraccio gelido della guardiana del lago. Tuttavia, non tutte le storie sono di terrore. Alcuni raccontano di essere stati salvati dalla Bogunka durante tempeste furiose, trovando rifugio e protezione grazie alla sua benevolenza.

Simbolismo della Bogunka

La Bogunka del Lago Goplo rappresenta un potente simbolo della natura e delle forze misteriose che la governano. La sua trasformazione da mortale a spirito delle acque incarna la dualità della natura: può essere sia benevola che distruttiva, protettrice e vendicatrice. Questo riflette il profondo rispetto e timore che le popolazioni antiche avevano per le forze naturali, riconoscendo la loro capacità di dare vita e di toglierla.

La Bogunka è anche un simbolo della purezza e dell'innocenza perduta, trasformata per sempre dall'incontro con il soprannaturale. Il suo canto malinconico e la sua apparizione spettrale evocano il tema del sacrificio e della protezione, suggerendo che il rispetto per la natura e la sua bellezza deve essere mantenuto per evitare la sua ira. In questo contesto, la leggenda serve come monito contro l'arroganza umana e la mancanza di rispetto per l'ambiente.

Varianti della Leggenda

La leggenda della Bogunka del Lago Goplo ha diverse varianti, a seconda della regione e della tradizione orale locale. In alcune versioni, la Bogunka è vista come una figura più tragica, vittima di un amore non corrisposto che la condanna a vagare per l'eternità nelle acque del lago. In altre, è una potente strega acquatica che usa le sue abilità magiche per proteggere i segreti del lago e delle sue profondità.

Alcune storie locali narrano di una Bogunka che aiuta i contadini durante periodi di siccità, facendo piovere sulle loro terre aride, ma solo se rispettano rigorosamente i rituali sacri. In un'altra variante, la Bogunka si innamora di un giovane pescatore e lo protegge dalle pericolose creature del lago, ma lo avverte di non parlare mai del loro incontro. Quando il giovane infrange la promessa, la Bogunka lo abbandona, lasciandolo a confrontarsi con le insidie del lago.

La leggenda della Bogunka è spesso raccontata attorno ai fuochi nelle lunghe notti invernali, con ogni narratore che aggiunge il proprio tocco unico alla storia. Questi racconti non solo intrattengono, ma anche educano, trasmettendo valori di rispetto, amore per la natura e consapevolezza delle forze soprannaturali che permeano il mondo.

In conclusione, la leggenda della Bogunka del Lago Goplo non solo racconta una storia avvincente e misteriosa, ma incarna anche profondi valori culturali e morali. La sua influenza continua a essere sentita nella letteratura, nell'arte e nelle tradizioni popolari, mantenendo viva una connessione con il passato e un rispetto duraturo per le forze della natura.

Per Volontà di Weles

In un'epoca in cui gli dei camminavano ancora tra gli uomini e il mondo era intriso di magia, il dio Weles era uno dei più venerati e temuti tra gli antichi Slavi. Weles, il signore della terra, delle acque e del mondo sotterraneo, era un dio dalle molte facce, associato alla magia, alla fertilità, alla ricchezza e ai regni dei morti. Con la sua barba di muschio e il mantello di pelliccia, Weles era spesso raffigurato come un dio selvaggio e potente, capace di assumere la forma di un serpente o di un drago.

Una delle storie più celebri legate a Weles racconta di un giovane contadino di nome Dusan, che viveva in un villaggio ai margini di una grande foresta. Dusan era noto per la sua dedizione al lavoro e per la sua umiltà, ma un anno la sua terra fu colpita da una grave siccità. Disperato, il giovane pregò ogni giorno gli dei per ottenere aiuto, ma senza risultato. Una notte, mentre giaceva insonne, udì una voce profonda e misteriosa che lo chiamava.

Seguendo la voce, Dusan si addentrò nella foresta fino a raggiungere una radura illuminata dalla luna. Al centro della radura, vide una figura imponente: era Weles, il dio della terra e delle acque. Con un tono grave, Weles spiegò a Dusan che la siccità era una prova della sua fede e della sua resilienza. Promettendogli di porre fine alla siccità, Weles chiese in cambio un atto di devozione: Dusan avrebbe dovuto erigere un altare in suo onore e offrire ogni anno il primo raccolto della sua terra.

Dusan accettò il patto, e il giorno seguente, piogge abbondanti iniziarono a cadere, salvando i raccolti del villaggio. Da quel momento, Dusan divenne un devoto seguace di Weles, e ogni anno, durante il solstizio d'estate, organizzava una grande festa in onore del dio, con danze, canti e offerte sacre.

Influenza di Weles sulla Mitologia Slava

Weles esercita una profonda influenza sulla mitologia slava, rappresentando la dualità della natura: la vita e la morte, la fertilità e la distruzione, la ricchezza e il caos. Come dio del mondo sotterraneo, Weles è il guardiano dei morti e il protettore delle anime. Il suo regno è un luogo di mistero e trasformazione, dove le anime dei defunti attendono la rinascita.

La figura di Weles è strettamente legata al ciclo agricolo e alla fertilità della terra. Come dio della terra e delle acque, è responsabile della crescita delle piante e della prosperità dei raccolti. I contadini slavi invocavano spesso Weles per garantire un raccolto abbondante e proteggerli dalle calamità naturali. I suoi rituali comprendevano offerte di miele, latte e cereali, e si credeva che la sua benedizione portasse ricchezza e fortuna.

Weles è anche associato alla magia e alla stregoneria. Essendo il signore del mondo sotterraneo, possiede una conoscenza profonda dei segreti della terra e delle forze occulte. I maghi e gli sciamani slavi spesso invocavano Weles per ottenere poteri magici e protezione contro gli spiriti maligni.

I racconti popolari legati a Weles sono numerosi e variegati, riflettendo la sua natura complessa e multiforme. Una storia popolare narra di come Weles rubò il bestiame dal dio del tuono, Perun, scatenando una lotta epica tra i due dei. Questo mito rappresenta il conflitto tra le forze del caos e dell'ordine, con Weles che simboleggia la terra e l'oscurità, e Perun il cielo e la luce. Alla fine, Weles viene sconfitto e costretto a restituire il bestiame, ma il loro conflitto ciclico continua, rappresentando l'eterna lotta tra opposti complementari.

Un altro racconto popolare racconta di una fanciulla che si innamorò di Weles e fu trasformata in una ninfa delle acque per poter vivere eternamente al suo fianco. Questo mito simboleggia l'unione tra l'umano e il divino, e la capacità di Weles di trasformare e rigenerare la vita attraverso l'acqua e la terra.

Durante le festività stagionali, come Kupala Night e Dziady, i rituali dedicati a Weles includono offerte di cibo e bevande, canti e danze sacre, e il racconto di storie antiche che celebrano le sue gesta. Questi rituali non solo onorano il dio, ma rafforzano anche i legami comunitari e la connessione con la natura.

In conclusione, la leggenda di Weles e le storie a lui legate incarnano i valori fondamentali della mitologia slava, come il rispetto per la natura, la dualità della vita e la connessione tra il mondo umano e il divino. La sua influenza perdura nella cultura e nelle tradizioni popolari, mantenendo viva una parte essenziale del patrimonio spirituale slavo.

La Strega Santomir

Nella remota regione di Santomir, avvolta da fitte foreste e colline nebbiose, si narra la storia di una delle figure più temute e rispettate del folklore slavo: la Strega Santomir. Conosciuta per la sua saggezza oscura e i poteri magici straordinari, la Strega Santomir era una figura misteriosa che viveva ai margini della società, tra il mondo umano e quello soprannaturale.

Secondo la leggenda, la Strega Santomir era una donna di straordinaria bellezza, con lunghi capelli neri come la notte e occhi verdi che sembravano vedere attraverso l'anima delle persone. Si diceva che fosse nata con il dono della magia, ereditato da una lunga linea di streghe potenti. Fin da giovane, aveva mostrato un'incredibile affinità con le forze della natura e la capacità di comunicare con gli spiriti della foresta.

La sua casa era una capanna nascosta nel cuore della foresta, circondata da erbe medicinali, piante magiche e talismani protettivi. La gente del villaggio vicino, nonostante il timore che nutriva verso di lei, si rivolgeva spesso alla strega per chiedere aiuto e consiglio. La Strega Santomir era nota per preparare potenti pozioni curative, offrire protezioni contro gli spiriti maligni e lanciare incantesimi che potevano cambiare il destino di chiunque.

Tuttavia, la sua fama non era priva di ombre. Si diceva che avesse il potere di maledire coloro che la offendevano o che cercavano di danneggiare la foresta. Racconti di uomini che si erano trasformati in animali selvatici, bambini scomparsi e raccolti rovinati erano spesso attribuiti alla sua ira. Nonostante ciò, la Strega Santomir manteneva un delicato equilibrio tra bene e male, utilizzando i suoi poteri principalmente per proteggere la natura e aiutare chi era veramente in difficoltà.

Interpretazioni e Varianti della Leggenda

La leggenda della Strega Santomir presenta numerose interpretazioni e varianti, che riflettono le diverse prospettive culturali e le credenze locali. In alcune versioni, la strega è vista come una figura tragica, una vittima delle circostanze che ha abbracciato la magia per sopravvivere e proteggere se stessa e la sua terra. In queste storie, la sua solitudine e il suo isolamento sono il risultato di una comunità che non è riuscita a comprendere e accettare il suo potere.

In altre versioni, la Strega Santomir è ritratta come una potente sciamana, custode delle antiche conoscenze e dei segreti della natura. La sua capacità di comunicare con gli spiriti e di controllare gli elementi la rende una figura di grande rispetto e timore, una sorta di intermediario tra il mondo umano e quello degli dei e degli spiriti.

Alcuni racconti locali descrivono la Strega Santomir come una figura vendicativa, pronta a usare la sua magia contro chiunque osi sfidarla o mancare di rispetto alla foresta. In queste storie, la sua figura diventa un monito contro l'arroganza umana e l'abuso della natura. La sua ira rappresenta la risposta della natura stessa alle trasgressioni degli uomini, sottolineando l'importanza di vivere in armonia con l'ambiente.

Influenza sulla Cultura Popolare

La leggenda della Strega Santomir ha avuto una profonda influenza sulla cultura popolare, lasciando un'impronta duratura nelle tradizioni, nelle arti e nelle credenze della regione. Le storie su di lei sono state tramandate oralmente di generazione in generazione, diventando parte integrante del folklore locale. Raccontate attorno ai fuochi nelle lunghe notti invernali, queste leggende servono a intrattenere, educare e avvertire.

La figura della Strega Santomir è stata rappresentata in numerosi dipinti, poesie e opere teatrali, spesso enfatizzando il suo legame con la natura e i suoi poteri magici. La sua immagine è quella di una guardiana della foresta, una figura ambivalente che incarna sia la bellezza che il pericolo della natura selvaggia.

Festival locali spesso includono rievocazioni della leggenda della Strega Santomir, con rappresentazioni teatrali e costumi elaborati che riportano in vita le storie antiche. Questi eventi non solo mantengono viva la tradizione, ma rafforzano anche il senso di identità e di appartenenza comunitaria, celebrando il patrimonio culturale condiviso.

La Strega Santomir è diventata anche una figura simbolica nella lotta per la conservazione della natura. Ambientalisti e sostenitori della natura utilizzano la sua leggenda per promuovere la consapevolezza ecologica e il rispetto per l'ambiente, trasformando la strega in un'icona della protezione ambientale.

In conclusione, la leggenda della Strega Santomir non solo racconta una storia avvincente di magia e mistero, ma incarna anche valori profondamente radicati nella cultura slava. La sua influenza continua a essere sentita nella cultura popolare, nelle arti e nelle tradizioni, rendendola una parte vitale del patrimonio culturale della regione.

Capitolo Bonus 1. I Miti Polacchi

Re Piast: Il Fondatore della Dinastia Piast

In tempi antichi, prima che la Polonia fosse unificata sotto un'unica bandiera, la terra era frammentata in piccole tribù e regni. In uno di questi regni viveva un umile contadino di nome Piast, noto per la sua saggezza, la sua bontà e la sua dedizione al lavoro. Piast viveva con sua moglie Rzepicha e il loro giovane figlio, Siemowit, in un piccolo villaggio vicino al fiume Vistola.

La leggenda narra che un giorno, mentre Piast stava lavorando nei campi, due stranieri arrivarono al villaggio. Erano pellegrini stanchi, vestiti con abiti semplici ma dignitosi. Chiesero ospitalità e Piast, noto per la sua generosità, li accolse nella sua casa. Prese ciò che aveva, offrendo loro cibo e un riparo per la notte. I pellegrini, grati per l'ospitalità, rivelarono di essere inviati divini, mandati per portare un messaggio di grande importanza.

I pellegrini annunciarono che Piast era destinato a diventare il fondatore di una grande dinastia e che suo figlio, Siemowit, avrebbe avuto un ruolo cruciale nel futuro della nazione. Per onorare Piast, i pellegrini chiesero di partecipare alla cerimonia di taglio dei capelli del giovane Siemowit, un rito di passaggio che segnava l'ingresso del ragazzo nell'età adulta. Durante la cerimonia, i pellegrini benedissero Siemowit, predicendo che avrebbe guidato il suo popolo verso un'era di prosperità e unità.

La notizia della profezia si diffuse rapidamente e la fama di Piast crebbe. Il popolo, stanco dei governanti corrotti e della divisione, vide in Piast un leader giusto e capace. Quando il re allora in carica morì senza eredi, i nobili e il popolo si rivolsero a Piast, chiedendogli di diventare il loro re. Sebbene riluttante all'inizio, Piast accettò per il bene del suo popolo.

Come re, Piast dimostrò subito di essere un sovrano saggio e giusto. Stabilì leggi che promuovevano la giustizia e l'equità, ridistribuì la terra ai contadini e lavorò instancabilmente per unificare le tribù frammentate sotto un'unica bandiera. La sua leadership portò pace e stabilità alla regione, e il suo regno divenne prospero.

Re Piast regnò per molti anni, durante i quali suo figlio Siemowit crebbe e imparò l'arte del governo e della diplomazia dal padre. Alla morte di Piast, Siemowit gli succedette al trono, continuando l'opera del padre e consolidando ulteriormente il regno. Così ebbe inizio la dinastia Piast, che avrebbe governato la Polonia per secoli, gettando le basi della nazione polacca come la conosciamo oggi.

Significato Morale e Simbolico della Storia

La storia di Re Piast è ricca di significati morali e simbolici. Innanzitutto, rappresenta l'importanza della virtù e della saggezza nella leadership. Piast, un umile contadino, viene scelto non per la sua nascita nobile, ma per le sue qualità morali e il suo impegno verso il benessere del suo popolo. Questo sottolinea l'ideale che la vera nobiltà risiede nella giustizia e nella bontà d'animo.

La profezia dei pellegrini e la successiva ascensione di Piast al trono simboleggiano anche il tema del destino e della provvidenza divina. La storia riflette la credenza che il destino di una nazione può essere cambiato attraverso atti di bontà e giustizia, e che il potere divino può intervenire per guidare e proteggere il popolo.

La leggenda di Re Piast ha avuto un profondo impatto sulla cultura popolare polacca. È considerata una delle storie fondanti della nazione, spesso raccontata per ispirare unità e orgoglio nazionale. La figura di Piast è celebrata come un simbolo di giustizia e saggezza, e la sua storia è utilizzata per educare i giovani sui valori fondamentali della società polacca.

Numerosi monumenti e luoghi in Polonia portano il nome di Piast, e la sua figura appare in opere d'arte, letteratura e canzoni popolari. Ogni anno, festival e rievocazioni storiche celebrano la leggenda di Piast, mantenendo viva la sua memoria e il suo esempio di leadership giusta.

In conclusione, la storia di Re Piast non solo racconta l'origine di una grande dinastia, ma incarna anche i valori e gli ideali su cui si basa la nazione polacca. La sua leggenda continua a essere un faro di speranza e ispirazione, ricordando che la grandezza di un leader risiede nella sua capacità di servire il suo popolo con giustizia e compassione.

Storie di Re e Cavalieri nei Miti Polacchi

La storia della Polonia è ricca di re leggendari, figure che hanno lasciato un'impronta indelebile nella memoria collettiva del popolo polacco. Uno dei re più celebri è Re Krakus, il leggendario fondatore di Cracovia. Si narra che Krakus, un saggio e valoroso leader, abbia ucciso un temibile drago che terrorizzava la città, salvando il suo popolo dalla distruzione. La grotta del drago, situata ai piedi del castello di Wawel, è ancora oggi una popolare attrazione turistica, simbolo della vittoria del bene sul male.

Un altro re leggendario è Re Popiel, la cui storia è tanto tragica quanto istruttiva. Popiel, noto per la sua crudeltà e corruzione, fu divorato dai topi come punizione divina per i suoi crimini. Questo racconto non solo sottolinea la giustizia karmica, ma serve anche come monito contro la tirannia e l'ingiustizia.

Storie di Cavalieri e Nobili

La tradizione cavalleresca polacca è altrettanto ricca di storie di cavalieri e nobili che hanno difeso il loro paese con coraggio e onore. Uno dei cavalieri più famosi è Zawisza Czarny, noto come Zawisza il Nero. Celebrato per la sua forza, lealtà e abilità in battaglia, Zawisza divenne un simbolo di virtù cavalleresca. Le sue imprese, sia in Polonia che all'estero, sono state narrate in numerosi poemi epici e canzoni popolari, cementando il suo status di eroe nazionale.

Un altro nobile leggendario è Janusz Radziwiłł, un principe e comandante militare che giocò un ruolo cruciale durante le guerre del XVII secolo. Conosciuto per la sua astuzia strategica e il suo coraggio in battaglia, Radziwiłł è spesso rappresentato come un modello di leadership e patriottismo. Le sue azioni durante le campagne contro gli svedesi e i russi sono celebrate in numerosi racconti e ballate, che esaltano il suo spirito indomabile.

Imprese e Battaglie Famosi

La storia polacca è segnata da imprese e battaglie famose che hanno definito il destino della nazione. Una delle battaglie più epiche è quella di Grunwald, combattuta nel 1410 tra le forze polacche-lituane e i Cavalieri Teutonici. La vittoria decisiva delle forze alleate, guidate dal re polacco Ladislao II Jagellone, non solo pose fine alla minaccia teutonica, ma consolidò anche l'indipendenza e la potenza della Polonia. La battaglia di Grunwald è celebrata ogni anno con rievocazioni storiche che attirano migliaia di partecipanti e spettatori.

Un'altra impresa leggendaria è la difesa di Vienna nel 1683, quando il re polacco Giovanni III Sobieski guidò le forze cristiane alla vittoria contro l'assedio ottomano. La carica della cavalleria polacca, gli Hussari alati, è passata alla storia come un esempio di eroismo e tattica militare. Questo evento non solo salvò Vienna, ma ebbe un impatto significativo sul futuro dell'Europa, fermando l'espansione ottomana.

Le storie di ribellioni e insurrezioni contro le potenze occupanti durante i secoli XVIII e XIX, come la Confederazione di Bar e l'Insurrezione di Novembre, sono testimonianze del continuo spirito di resistenza e desiderio di libertà del popolo polacco.

Questi racconti, pieni di sacrificio e determinazione, continuano a ispirare generazioni di polacchi.

In conclusione, i miti polacchi, attraverso le storie di re leggendari, cavalieri valorosi e battaglie epiche, non solo celebrano il passato glorioso della Polonia, ma anche inculcano valori di coraggio, onore e patriottismo. Questi racconti, tramandati attraverso secoli di tradizione orale e scritta, mantengono viva la memoria storica e culturale della nazione, offrendo lezioni preziose per il presente e il futuro.

Leggende sulle Montagne Tatra

Le Montagne Tatra, una maestosa catena montuosa situata al confine tra Polonia e Slovacchia, sono da secoli fonte di leggende e miti affascinanti. Queste storie, tramandate di generazione in generazione, raccontano di spiriti antichi, creature magiche e eroi leggendari che abitano le vette e le vallate di queste montagne incantate.

Una delle leggende più celebri riguarda il Cavaliere di Giewont. Si narra che un cavaliere di straordinario coraggio e forza sia stato trasformato in pietra sulla cima del monte Giewont, una delle vette più iconiche delle Tatra. Secondo la leggenda, il cavaliere giace addormentato, in attesa del momento in cui la sua patria avrà bisogno di lui. Si crede che quando la Polonia sarà in grave pericolo, il cavaliere di pietra si risveglierà, scenderà dalla montagna e guiderà il popolo polacco alla vittoria.

Storie di Spiriti delle Montagne

Le Tatra sono anche popolari per le storie degli spiriti delle montagne, entità mistiche che proteggono e abitano i luoghi selvaggi e remoti. Uno dei racconti più diffusi è quello di Liczyrzepa, noto anche come Rübezahl, un gigante e spirito delle montagne che può essere benevolo o malizioso, a seconda di come viene trattato. Liczyrzepa è spesso descritto come un guardiano della natura, che punisce coloro che danneggiano le foreste o disturbano la pace delle montagne.

Un'altra storia popolare è quella delle Rusalki delle Tatra, spiriti femminili delle acque che abitano i laghi e i torrenti di montagna. Queste creature, con i loro lunghi capelli bagnati e la pelle pallida, emergono dalle acque nelle notti di luna piena. Si dice che attirino gli uomini con il loro canto incantatore, per poi trascinarli nelle profondità dei laghi. Le Rusalki simboleggiano la bellezza e il pericolo delle forze naturali.

Influenza delle Tatra sulla Cultura Polacca

Le Montagne Tatra hanno avuto una profonda influenza sulla cultura polacca, diventando non solo un simbolo di bellezza naturale, ma anche una fonte inesauribile di ispirazione per artisti, poeti e scrittori. La maestosità delle vette, la tranquillità delle valli e il mistero dei laghi hanno ispirato numerose opere d'arte e letteratura.

Il poeta polacco Kazimierz Przerwa-Tetmajer ha dedicato molte delle sue poesie alle Tatra, celebrando la bellezza e il fascino mistico delle montagne. Le sue opere catturano l'essenza selvaggia e incontaminata delle Tatra, trasmettendo un profondo rispetto e amore per la natura. Anche i dipinti di artisti come Jan Kanty Pawluśkiewicz raffigurano le Tatra in tutto il loro splendore, con paesaggi che sembrano usciti direttamente dalle leggende.

Le Tatra sono anche un'importante meta turistica e culturale. Ogni anno, migliaia di escursionisti e amanti della natura visitano le montagne per esplorare i loro sentieri, scalare le vette e immergersi nella bellezza selvaggia del paesaggio. Le leggende delle Tatra sono spesso raccontate durante le escursioni e i campeggi, mantenendo viva la tradizione orale e la connessione spirituale con le montagne.

Le Tatra influenzano anche le festività locali e le tradizioni popolari. Durante le celebrazioni del Kupala Night, ad esempio, le storie delle Rusalki e di Liczyrzepa vengono narrate attorno ai falò, creando un'atmosfera di magia e mistero. Queste storie non solo intrattengono, ma insegnano anche il rispetto per la natura e l'importanza di vivere in armonia con l'ambiente.

In conclusione, le leggende delle Montagne Tatra, con i loro miti di cavalieri pietrificati, spiriti delle montagne e creature incantate, sono una parte vitale del patrimonio culturale polacco. Esse non solo arricchiscono l'immaginario collettivo, ma anche rafforzano il legame tra il popolo polacco e il suo ambiente naturale. Le Tatra, con la loro bellezza e il loro mistero, continuano a ispirare e affascinare, mantenendo vive le storie e le tradizioni che le circondano.

Capitolo Bonus 2. I Miti Russi

Miti della Creazione Russa

Le leggende della creazione del mondo nella tradizione russa sono affascinanti e ricche di simbolismo. Una delle storie più conosciute narra di come il mondo sia nato da un oceano primordiale. In principio, esisteva solo una vasta distesa d'acqua, sopra la quale volava un gigantesco uccello cosmico. Questo uccello, spesso identificato con la figura mitologica di Simargl, si tuffò nelle acque e emerse con un pezzo di terra, che divenne il nucleo del mondo.

Con il tempo, questo pezzo di terra si espanse, dando origine a montagne, valli e fiumi. Le prime creature e le divinità nacquero da questa terra primordiale, ognuna con un compito specifico per mantenere l'ordine cosmico. Queste storie non solo raccontano la genesi del mondo, ma spiegano anche il legame sacro tra la terra e gli esseri viventi, enfatizzando il rispetto e la venerazione per la natura.

Prime Divinità Russe

Tra le prime divinità russe, troviamo Perun, il dio del tuono e della guerra, spesso paragonato a Zeus nella mitologia greca o a Thor in quella norrena. Perun era considerato il sovrano supremo degli dei, capace di controllare il cielo e la tempesta con la sua potente ascia. Egli proteggeva i guerrieri e garantiva la giustizia.

Un'altra importante divinità è Mokosh, la dea della terra, della fertilità e della casa. Mokosh era venerata soprattutto dalle donne, che la consideravano una protettrice delle famiglie e delle attività domestiche. La sua figura rappresentava la generosità della terra e la ciclicità delle stagioni, elementi cruciali per la sopravvivenza delle comunità agricole.

Dazhbog, il dio del sole e della ricchezza, era un'altra figura centrale nella mitologia russa. Si credeva che portasse luce, calore e abbondanza, ed era spesso invocato durante i rituali per garantire buoni raccolti e prosperità. Le sue storie simboleggiano la lotta tra luce e oscurità, un tema ricorrente nella mitologia slava.

Significato dei Miti di Creazione

I miti di creazione russi hanno un profondo significato simbolico e morale. Rappresentano l'ordine che emerge dal caos, la vittoria della luce sulle tenebre e l'importanza del rispetto per la natura. Queste storie insegnano che tutto nel mondo è interconnesso e che la sopravvivenza dipende dall'armonia tra gli esseri umani e l'ambiente naturale.

Inoltre, i miti di creazione sottolineano il ruolo delle divinità come guardiani dell'ordine cosmico. Gli dei russi non solo creano il mondo, ma continuano a proteggerlo e a mantenerlo in equilibrio. Questo riflette la credenza che il mondo naturale sia sacro e che le divinità siano presenti in ogni aspetto della vita quotidiana, dalle tempeste ai raccolti, dalle nascite alle morti.

Storie di Eroi come Dobrynya Nikitich

Dobrynya Nikitich è uno degli eroi più amati e rispettati della mitologia russa, un bogatyr, o cavaliere, noto per la sua forza, coraggio e saggezza. Le leggende raccontano che Dobrynya fosse un cavaliere al servizio del principe Vladimir di Kiev, incaricato di proteggere il regno dalle minacce esterne e dalle creature malvagie.

Una delle leggende più famose narra di come Dobrynya abbia sconfitto il terribile drago Zmey Gorynych. Secondo la storia, il drago aveva rapito la figlia del principe Vladimir, e Dobrynya fu inviato a salvarla. Armato solo di una spada e della sua astuzia, Dobrynya affrontò il drago in una battaglia epica, riuscendo infine a sconfiggerlo e a riportare la principessa sana e salva. Questa impresa lo consacrò come uno degli eroi più grandi della tradizione russa.

Imprese e Gesta Eroiche

Le imprese di Dobrynya Nikitich sono numerose e varie, ognuna delle quali dimostra il suo coraggio, la sua lealtà e la sua dedizione al bene. In una delle storie, Dobrynya affronta un esercito di invasori, riuscendo a sconfiggerli con la sua abilità in combattimento e la sua intelligenza strategica. In un'altra, salva una città assediata da una banda di banditi, mostrando non solo la sua forza fisica ma anche il suo senso di giustizia.

Dobrynya è anche noto per la sua saggezza e il suo rispetto per i deboli e gli oppressi. Spesso usa la diplomazia e la comprensione per risolvere i conflitti, dimostrando che la vera forza di un eroe risiede non solo nella potenza fisica, ma anche nella capacità di comprendere e guidare gli altri.

Influenza sulla Cultura Russa

Le leggende di Dobrynya Nikitich hanno avuto un'enorme influenza sulla cultura russa, ispirando generazioni di poeti, scrittori e artisti. La figura di Dobrynya è celebrata nelle byliny, i poemi epici russi, che raccontano le sue avventure e le sue gesta eroiche. Queste storie non solo intrattengono, ma inculcano anche valori di coraggio, lealtà e giustizia.

La sua figura è rappresentata in numerosi dipinti, sculture e opere teatrali, che esaltano la sua grandezza e il suo ruolo come difensore del popolo. Inoltre, le sue storie sono state adattate in film e serie televisive, rendendo Dobrynya un'icona culturale anche nell'era moderna.

Leggende sugli Spiriti della Steppa

Le vastità delle steppe russe sono popolate da spiriti antichi e misteriosi, che giocano un ruolo centrale nelle leggende locali. Tra questi, uno dei più noti è il Poludnitsa, lo spirito del mezzogiorno, spesso descritto come una donna alta e pallida che appare nei campi durante le ore più calde della giornata. Si dice che il Poludnitsa possa causare malattie e disgrazie a chiunque osi lavorare nei campi sotto il sole cocente, rappresentando così un avvertimento contro l'eccessiva fatica e il mancato rispetto per i ritmi naturali.

Un altro spirito famoso è il Dvorovoi, il guardiano dei cortili e delle stalle. Questo spirito, spesso invisibile, protegge gli animali e le proprietà rurali, ma può diventare malizioso se non viene rispettato. I contadini offrono cibo e latte al Dvorovoi per ottenere la sua protezione e la sua benevolenza.

Significato e Simbolismo

I racconti sugli spiriti delle steppe riflettono una profonda connessione con la natura e una comprensione intuitiva delle sue forze. Questi spiriti simboleggiano il potere incontrollabile della natura e la necessità di vivere in armonia con essa. La figura del Poludnitsa, ad esempio, rappresenta non solo i pericoli fisici del lavoro nei campi, ma anche il rispetto per il tempo e la natura.

Gli spiriti delle steppe sono anche simboli di protezione e di legame comunitario. Il Dvorovoi, con il suo ruolo di guardiano delle proprietà, incarna l'importanza della cura e della protezione reciproca all'interno delle comunità rurali. Questi spiriti servono da promemoria del fatto che la vita nelle steppe richiede non solo forza fisica, ma anche rispetto, attenzione e cooperazione.

Influenza sulla Cultura Popolare

Le leggende sugli spiriti delle steppe hanno un impatto duraturo sulla cultura popolare russa. Queste storie sono raccontate attorno ai fuochi e durante le festività, mantenendo vive le tradizioni orali e la connessione con il passato. I racconti dei Poludnitsa e del Dvorovoi sono spesso usati per educare i giovani sui pericoli e le necessità della vita rurale, trasmettendo conoscenze pratiche e valori morali.

Artisti e scrittori russi hanno spesso tratto ispirazione da queste leggende, creando opere che riflettono la bellezza e il mistero delle steppe. Le storie degli spiriti sono state adattate in poesie, racconti e film, continuando a influenzare l'immaginario collettivo e a rafforzare il legame con le tradizioni antiche.

Conclusione

I miti russi, dalle storie della creazione ai leggendari eroi come Dobrynya Nikitich, fino agli spiriti delle steppe, offrono una ricca tessitura di racconti che celebrano la forza, la saggezza e il rispetto per la natura. Questi miti non solo arricchiscono la cultura russa, ma forniscono anche lezioni preziose che rimangono rilevanti ancora oggi. Le loro storie continuano a ispirare e affascinare, mantenendo viva la memoria e l'eredità culturale del popolo russo.

.